Türkei
Ägäisküste-Istanbul

Erika Casparek-Türkkan, Taneli Türkkan (Text) · Wilkin Spitta (Bilder)

EINSTIEG # Strände, Metropolen und antike Ruinen

Die Türkei hat als Urlaubsland für Deutsche
stark an Bedeutung gewonnen. Eine Kombination aus
Gastfreundschaft, in vielen Bereichen
noch sauberen und wenig berührten Küsten sowie
der alten und neuen Kulturen machen den Reiz
dieses Landes aus. Die Ägäis ist eines der bevorzugten
Ziele der Reisenden aus Mitteleuropa.

6

Küstenlandschaft bei Iskelesi zur Frühjahrsblüte

Auf dem Weg zum Markt in Afyon

Reizvolle Architektur: die Moschee von Doğer

Mächtige Säulen erinnern an das alte Pergamon

Waschung vor der Moschee in Lüleburgaz

Schon früh zog die ägäische Küste Menschen an: Die Ionier, Lydier, Phrygier und die Nachfahren Alexanders des Großen siedelten dort. Unter den Römern erhielten Metropolen wie Pergamon, Sardes und Ephesos um den Beginn unserer Zeitrechnung neuen Glanz. Den Islam brachten rund 800 Jahre später die Turkvölker aus dem Gebiet des heutigen Afghanistan mit.

Ruhepause in Afyons Altstadt

Die Türkei steht bei den Deutschen als Urlaubsland hoch im Kurs; sie werden, wie es scheint, von den Türken auch als Gäste besonders geschätzt. Ob an der Busstation oder beim Lebensmittelhändler, in einem Lokal oder auf der Straße: Mit untrüglichem Instinkt erkennen die Einheimischen die Nationalität der Besucher, und unweigerlich folgt die Frage: »Woher kommst du aus Deutschland? Aus Stuttgart? Aus Berlin?« Durch lange Aufenthalte in der Bundesrepublik fühlen sich viele Türken mit ihren Gästen aus Mitteleuropa verbunden.

Ob alle Urlauber aus Deutschland diese Sympathie verdienen, steht auf einem anderen Blatt. Doch sicher ist, daß dieses Entgegenkommen ihre Ferien zusätzlich versüßt. Zunächst werden die Touristen allerdings von den antiken Stätten, der Natur, der Stimmung des Orients mit seinen bunten Märkten und den Küsten angelockt.

Die rasant wachsende Nachfrage hat auch ihre Schattenseiten; die in vielen Reisekatalogen abgebildeten Hotels sprechen für sich. Die Küsten sind längst nicht mehr so unverbaut, wie die Bilder weismachen wollen. Wie sollten die Strände auch einsam bleiben, wenn die Türkei diesen lange erwarteten Gästesegen unterbringen muß?

Endlich fließen die so dringend benötigten Devisen ins Land. Der Staat fördert den Massentourismus und will bis 1992 auch endlich in einem groß angelegten Projekt Kläranlagen bauen, die es in den meisten Ferienhochburgen, darunter Kuşadası, Bodrum und Çeşme, noch nicht gibt. Zwar erhielten die Ballungszentren inzwischen die notwendige Infrastruktur, zeigen aber auch alle negativen Seiten einer heute teilweise mit Beton zugemauerten Küste.

Doch nur ein Teil der 8000 Kilometer langen Küsten am Ägäischen Meer, Mittelmeer und Schwarzen Meer wurde dem Tourismus geopfert, so daß auch das Bild naturbelassener Strände bis heute stimmt. Das Landesinnere ist vom Tourismus zudem kaum berührt – abgesehen von Kappadokien in Zentralanatolien (s. HB-Bildatlas Special 1 »Türkei – Südküste«) und den Kalksinterterrassen von Pamukkale hinter der Westküste. In den anatolischen Dörfern sind Esel und Maultier noch die am häufigsten benutzten Transportmittel. Die landschaftlichen Kontraste dort sind ein weiterer Anlaß, einmal die Küste zu verlassen und herumzureisen.

Zwischen zwei Meeren: ein Land der Kontraste

Mit einer Gesamtfläche von 780 000 Quadratkilometern ist die Türkei doppelt so groß wie die Bundesrepublik Deutschland. Nur ein kleiner Teil, etwa fünf Prozent, befindet sich auf dem europäischen Erdteil: Thrakien sowie Istanbul auf der linken Bosporusseite. Das Land östlich dieser Meerenge, Anatolien, zählt dagegen zu Asien. Als riesige Halbinsel erstreckt es sich zwischen Mittelmeer und Schwarzem Meer. Die Türkei grenzt im Osten an Rußland und den Iran, im Südosten an den Irak und Syrien, im Westen an Griechenland und im Nordwesten an Bulgarien.

Dieses weite Land gliedert sich in sieben Regionen: das Marmara-Gebiet mit Thrakien, die Schwarzmeerküste, die Ägäis, die Mittelmeer-Region, Zentralanatolien, die Osttürkei und Südost-Anatolien. Jeder Bereich besitzt seinen eigenen Charakter.

Der Kontrast der Regionen wird auch vom Klima bestimmt. In Thrakien unterliegt es kontinentalen Einflüssen mit

Ephesos: Die Hafenarkade führt zum Theater

Waschtag in Gelinkaya – das Wasser liefert der Fluß

Brückenreste im karischen Labranda

Kemeralti Basar in Izmir

Im Café

Pergamon: Stoa des Athenaheiligtums

Zeus-Altar in Bahçedere

Das dörfliche und kleinstädtische Leben verläuft im Hinterland noch nach echt anatolischer Tradition; dazu zählen auch die überlieferten Geschlechterrollen. Während Frauen vielfach harte körperliche Arbeit verrichten, sind Männer häufig in den Teehäusern anzutreffen. Die Basare besitzen überall ihre Reize, in ihnen lassen sich ungewöhnliche Souvenirs aufstöbern.

Reizvoll liegt Kütahya in einem Tal

Edirne. Mitten hindurch geht die große Transitstrecke von Europa nach Asien. Vom Marmara-Meer, das der Region ihren Namen gab, führt im Norden der Bosporus ins Schwarze Meer, während die Dardanellen den natürlichen südöstlichen Ausgang bilden. Die Wasserstraße muß überquert werden, um die Ferienstrände der Ägäis zu erreichen. Weniger bekannt, doch ebenfalls reizvoll für den Urlaub, sind die Marmara-Inseln. Nicht weit von ihnen entfernt liegt Bursa, eine Thermalstadt im Grünen mit osmanischen Prachtbauten.

Halb Europa, halb Orient – und viele alte Strukturen

Zentrum des ägäischen Bereichs ist Izmir, drittgrößte Stadt der Türkei und mit großstädtischem Flair ausgestattet. Dort landen die Chartermaschinen der Reiseveranstalter, deren Gäste vor allem auf der Halbinsel Çeşme, bei Kuşadası und Bodrum untergebracht werden. Kulturhistorische Glanzpunkte sind Pergamon und Ephesos, in antiker Zeit bedeutende Metropolen.

In den fruchtbaren Flußdeltas des Küçük Menderes und des Büyük Menderes (Großer und Kleiner Mäander) wachsen Feigen, Baumwolle, Tabak, Wein und Gemüse. Uralte Olivenbaum-Kulturen überziehen die Hänge. Pinien schmücken die küstenfernen, höher gelegenen Regionen, deren Berge sich bis Phrygien und Zentralanatolien erstrecken. Hier lassen sich berühmte Teppichdörfer entdecken und natürlich die Kalksinterterrassen von Pamukkale.

Männer in Teehäusern, arbeitende Frauen auf den Feldern: Immer wieder begegnet man diesen Bildern, vor allem auf dem Land mit seinen alten, überlieferten Strukturen. Die in die islamische Welt eingebettete türkische Kultur fordert auf zu geistiger Auseinandersetzung. Auch das gehört zu einem Urlaub in diesem halb europäischen, halb orientalischen Land.

Und stets aufs neue beschämt die Gastfreundschaft, die Offenheit, mit der vor allem die Landbevölkerung den Fremden gegenübertritt. Die überraschenden Begegnungen machen bewußt, daß zu einem Urlaub nicht nur Strände, Landschaft und Sehenswürdigkeiten gehören, sondern auch und vor allem die Menschen.

kalten Wintern und heißen Sommern. Die ägäische Küste und die Südküste werden dagegen vom Mittelmeer geprägt und erleben milde und regnerische Winter sowie heiße Sommer. Im Osten schließlich sind die Winter lang und sehr kalt.

Von Ferienstränden ins touristische Niemandsland

Dieser HB-Bildatlas Special führt in die Ägäis und in die Marmara-Region mit Thrakien und Istanbul sowie an die kleinasiatische Küste des Binnenmeeres. Im Süden setzt die Halbinsel Bodrum eine natürliche Grenze. Für den Ausflug ins Hinterland wurde das ehemalige Phrygien gewählt; ein touristisches Neuland mit einer grandiosen Natur, antiken Kultstätten sowie Städten und Dörfern, in denen sich das anatolische Leben unverfälscht erhalten hat.

Wer auf dem Landweg in die Türkei reist, fährt durch Thrakien. In der fast baumlosen, von sanften Hügeln und Sonnenblumenfeldern überzogenen Landschaft liegt die Provinzhauptstadt

*Thrakien ist seit jeher Transitland zwischen Europa
und Asien. Endlose Sonnenblumenfelder
säumen den Weg von der bulgarischen Grenze nach
Istanbul oder an die Ägäisküste. Edirne ist
im Juli Treffpunkt der besten Öl-Ringkämpfer des Landes.
Glitschig von Kopf bis Fuß, treten sie gegeneinander
an – es geht um Ruhm und viel Geld.*

12

Die Selimiye-Moschee, Wahrzeichen Edirnes

An Feiertagen werden Luftballons verkauft

Obst- und Gemüsehändler

Prachtvolle Kuppel der Selimiye-Moschee

Edirne, einst Residenz der Osmanen, wartet mit prächtigen Bauwerken auf, allen voran die Selimiye Moschee mit vier Minaretten und einer gewaltigen Zentralkuppel. Wie sie stammt auch die Beyazıt-Moschee mit Hochschule, Armen- und Krankenhaus aus dem 16. Jahrhundert. Über die nahe griechische Grenze kommen die Nachbarn gern ins preiswerte Einkaufsparadies Edirne.

Liegt etwas außerhalb Edirnes: der Beyazıt-Komplex

Innenansicht der Beyazıt-Moschee

Gang im Ali Paşa Carşısı-Basar in Edirne

Nur wenige Minuten dauert die Fahrt von der bulgarischen Grenze zur ersten Großstadt auf türkischem Boden: Edirne. Wie eine Fata Morgana ragen die schlanken Minarette der Selimiye Moschee aus dem weitläufigen Hügelland, wenn man sich der Stadt von Westen auf der parallel zur griechischen Grenze verlaufenden Europastraße 5 nähert. Die Region Thrakien auf der europäischen Seite der Türkei ist immer Grenz- und Transitland gewesen, und die größte Moschee der alten osmanischen Hauptstadt Edirne blieb seit dem späten Mittelalter ein Symbol der Heimat – einst für heimkehrende Krieger, heute für die im Ausland arbeitenden Türken auf dem Weg nach Hause.

Tag und Nacht quälen sich die Laster durch Edirne

Edirne ist heute auch Durchgangsstation für Personen und Fracht auf dem Weg von Europa in den Nahen und Mittleren Osten. Gelassen ertragen die Edirner die langen Kolonnen von Lastern, Bussen und Personenwagen, die sich Tag und Nacht durch ihre Stadt quälen. Viele Fahrer nehmen sich kaum Zeit für eine Rast, höchstens für Köfte, die beliebten Hackfleischröllchen.

Nur wenn die mit Öl eingeriebenen Ringkämpfer gegeneinander antreten, herrscht in der 125 n. Chr. als Hadrianopolis gegründeten Stadt einmal Trubel. Dabei verdiente sie weit mehr Beachtung. Im Jahr 1368 wurde Edirne die erste osmanische Hauptstadt auf europäischem Boden. Prächtige Moscheen und repräsentative Bauwerke entstanden in der nachfolgenden Zeit. Glanzstück ist besagte Selimiye Moschee, 1575 auf dem höchsten Punkt Edirnes vollendet. Die 45 Meter hohe und weitgespannte Kuppel wird in ihrer Dimension nur noch vom Petersdom in Rom übertroffen; 80 Meter hoch sind die vier Minarette. Nicht nur die Monumentalität, sondern vor allem die Harmonie der Architektur zeichnen das Meisterwerk aus.

Die Geschäftigkeit und das Marktgewimmel einer Provinzstadt beherrschen die Umgebung der Moschee im Zentrum Edirnes. Der im 16. Jahrhundert entstandene Bedesten, der überdeckte Markt, ist noch heute die wichtigste Einkaufsstätte. Waren aller Art von Schmuck bis Waschpulver werden

auf ihm angeboten. An dem nahen Rüstem Paşa Kervansarayı warten Händler mit Pferdekarren auf Kundschaft; die Wagen sind je nach Jahreszeit mit Gemüse oder dicken, gelben Kürbissen beladen. Alles wächst reichlich im fruchtbaren Umland.

Um die 1560 gebaute Karawanserei hat sich ein dichter Ring kleiner Läden angesiedelt. Die von dicken Mauern umgebene Herberge erhielt ihre ursprüngliche Funktion zurück: Sie wurde in ein Hotel umgewandelt. In der umliegenden Altstadt entdeckt man manch weiteres Kleinod. Obwohl Edirne Anfang dieses Jahrhunderts von Russen, Bulgaren und Griechen hart umkämpft und besetzt war, blieben von seiner Bausubstanz viele alte Häuser erhalten. In den Gassen des Handwerks trifft man noch auf die Werkstätten der Besenmacher. Ihre Reisigbesen, sagt man, zählen zu den besten des Landes; sie werden auf großen Auktionen versteigert.

Bis auf den letzten Platz besetzt ist das Stadion in Sarayiçi, dem ehemaligen Palastgelände, wenn dort einmal im Jahr die besten Öl-Ringkämpfer des Landes aufeinandertreffen. Bei diesem in der ganzen Türkei am Bildschirm mit Spannung verfolgten Ereignis ist Edirne überfüllt. Der Platz vor dem Austragungsort füllt sich an diesen vier Tagen im Juli mit Buden und Karussells, überall herrscht Volksfest-Stimmung.

Ringkämpfe: Außer Beißen und Kratzen ist alles erlaubt

Auf dem Rasen der Arena gilt es, den Titel des »başpehlivan«, des Meisterringers, zu erkämpfen. Verschiedene Leistungsklassen, auch Kinder und Jugendliche, treten gegeneinander an. Höhepunkt ist der »Kampf der Erfahrenen«. Wer dabei siegt, hat ausgesorgt und wird bei Schaukämpfen in der ganzen Türkei sein Geld machen.

Rhythmische Trommelschläge und die schrillen Töne der Oboe begleiten zum Auftakt das Zeremoniell des Aufwärmens. Mit ausgreifenden Schritten und Schwenken der Arme im Zeitlupentempo stolzieren die Matadore über die Wiese. Dann gehen die Paare aufeinander los. Außer Kratzen, Beißen, Spukken und Beleidigungen ist alles erlaubt. Die Öl-Ringkämpfe haben eine alte Tradition. Das Kırkpınar-Fest wird nach einer Legende auf einen sportlichen

13

Ein kleiner Park umgibt die Kasım Paşa-Moschee in Havsa

Fischerboote im Hafen von Gelibolu

Vor der Beschneidung ein Rundgang durch Gelibolu

Die Burg von Kilitbahir auf der Gelibolu-Halbinsel

Eceabat: Fähre nach Çanakkale

Denkmal im Nationalpark der Geschichte

Unterwegs zu den Stränden der Ägäis trifft man auf alte Städte wie Havsa und Gelibolu. Von diesem malerischen Hafen und von Eceabat überqueren Fähren die Dardanellen. Die Festung Kilitbahir und ein Mahnmal im Nationalpark der Geschichte erinnern an die Kämpfe um die wichtige Wasserstraße im Ersten Weltkrieg. Eine nicht alltägliche Begegnung: Ein Junge wird vor seiner Beschneidung im Phantasiekostüm durch den Ort geführt, begleitet von Musikanten.

Wettkampf zwischen 40 freiwilligen Kämpfern aus dem Gefolge des osmanischen Thrakien-Eroberers Gazi Süleyman Paşa zurückgeführt.

Im Frühsommer zieht die herbe thrakische Landschaft ein leuchtend gelbes Kleid an, Milliarden von Sonnenblumen überziehen dann die Hügel. Ihre Kerne bilden neben der Viehwirtschaft und dem Getreideanbau die Haupteinnahmequelle der Region. Davon zeugen auf der Strecke nach Istanbul die vielen Öl- und Margarinefabriken.

Eine schmale Wasserstraße trennt Europa von Asien

Die in Reih und Glied stehenden Sonnenblumen, ihre Blüten stets nach Osten gerichtet, erinnern ein bißchen an Soldaten und auch daran, daß Thrakien einst das Sammelbecken der osmanischen Heere war. Von hier zogen die berühmt-berüchtigten Janitscharen aus, die westliche Welt zu erobern; sie waren ab Mitte des 14. Jahrhunderts der Inbegriff von Angst und Schrecken des Osmanischen Reiches. Karawansereien mit Moscheen bildeten zwischen Istanbul und Edirne ihre Etappen.

Der Verlauf dieser Transitstrecke hat sich bis heute kaum geändert. Die Rastplätze entwickelten sich zu kleinen, beschaulichen Landstädtchen wie Havsa, Babaeski oder Lüleburgaz. Es lohnt sich, ihnen eine kurze Besichtigungspause zu widmen.

Eine schmale Landzunge, die von einer kleinen Bergkette bedeckte Gelibolu-Halbinsel, bildet im Süden Thrakiens den letzten Rest Europas. Zwei Meere begrenzen sie: die Ägäis mit dem Saronischen Golf sowie das Marmara-Meer. Verbunden werden sie durch eine wenige Kilometer breite Wasserstraße, die Dardanellen. Ständig Asien vor Augen, geht die Fahrt entlang der Halbinsel bis zur Fähre nach Gelibolu oder Eceabat. Beide Seiten dieser Meerenge waren im Ersten Weltkrieg Schauplatz blutiger Kämpfe, als alliierte Truppen versuchten, Istanbul und damit die Durchfahrt ins Schwarze Meer zu den verbündeten Russen zu erobern. Mit deutscher Hilfe entschied Kemal Atatürk die Schlacht für sein Volk. Eine halbe Million Soldaten ließ dabei ihr Leben. Ihnen ist der Nationalpark auf Gelibolu gewidmet, eine Ansammlung von Friedhöfen und Monumenten.

Schwarze Schultracht: Mädchen in Lüleburgaz

Edirne

Schöne Moscheen und zahlreiche osmanische Bauwerke in den Altstadtgassen lohnen einen Aufenthalt. Gegründet wurde Edirne 125 n. Chr. aus strategischen Gründen, um Byzanz vor Überfällen zu schützen.

Anfahrt: Vom bulgarisch-türkischen Grenzübergang Kapıkule (18 Kilometer) ist Edirne über ein mautpflichtiges kurzes Stück Autobahn oder die alte Straße zu erreichen. Zweimal täglich Bahnverbindung nach Istanbul; mehrmals am Tag Busse nach Istanbul und nach Tekirdağ am Marmara-Meer.

Unterkunft: Ein erster Stopp empfiehlt sich gleich hinter der bulgarischen Grenze beim Rastplatz von Türk Turing, dem türkischen Automobilclub; Restaurants, Duschen, Autowaschanlage, Abstellplätze für Wohnmobile und einfache Zimmer, alles rund um die Uhr geöffnet.

Edirne bietet Hotels aller Kategorien, wobei das Kervan Oteli (Talatpaşa Cad. 134, Tel. 113 82) und seine Küche zu empfehlen sind. Das Rüstem Paşa Kervansarayz, ein Hotel in der gleichnamigen Karawanserei, besitzt das besondere Ambiente einer alten Herberge mit modern eingerichteten Zimmern (Çilingirler Çarşısı, Tel. 2 61 19).

Sehenswürdigkeiten: Im Zentrum die Selimiye Moschee, dahinter das Archäologisch-ethnographische Museum. In drei Abteilungen zeigt es prähistorische Funde, volkskundliche Exponate wie Hausgeräte und Waffen sowie Teppiche und Kelims. In der Medrese der Moschee eine türkisch-islamische Sammlung. Weitere Moscheen: die Eski Cami, älteste Moschee der Stadt (erbaut 1403 bis 1442), eine Pfeilerhallenmoschee mit neun Kuppeln und zwei Minaretten; die Üçşerefeli Camii am Platz Cumhuriyet Meydanı (erbaut 1438 bis 1442), mit jeweils drei Galerien an jedem der vier Minarette; die Muradiye Camii (erbaut 1429 als Derwischkloster, dann in eine Moschee umgewandelt) im Nordosten der Stadt, innen reich geschmückt mit Kalligraphien und Fayencen; der Beyazıt-Moschee-Komplex im Westen der Stadt am Ufer der Tunca mit einer Medrese, die eine medizinische Fakultät beherbergte, Krankenanstalten und Wirtschaftsgebäude. 1484 bis 1488 erbaut, wurden damals bereits psychisch Kranke und

Schmerzpatienten mit Musik, sanften Wassergeräuschen, Blumendüften und anderen, in den letzten Jahren wieder modern gewordenen Methoden behandelt.

Sehenswert auch die Rüstem Paşa Kervansarayı mit zwei Innenhöfen und Arkaden, 1560 von Sinan erbaut, zudem der überdachte Basar neben der Eski Cami. Er wurde unter Sultan Mehmet I. Anfang des 15. Jahrhunderts als Nebengebäude der Moschee gebaut. Die Pfeilerhalle wird von 14 Kuppeln gekrönt. Neben ihm liegt der langgestreckte Bau des Ali Paşa Basars. Der Büyükkule, Rest der byzantinischen Festung, wurde dann Uhrenturm und dient heute als Feuerwehrstation. Alle Sehenswürdigkeiten liegen im Zentrum.

Souvenirs: Körbe und Strohgeflochtenes, geschnitzte Holzlöffel, buntgestrickte Strümpfe und Seife, für die Edirne berühmt ist. Ferner Käse aus Kuh- oder Schafmilch.

Ausflüge: Havsa, etwa 27 Kilometer in Richtung Istanbul mit der Kasım Paşa-Moschee des Architekten Sinan. Uzunköprü (übersetzt: lange Brücke), von Havsa 40 Kilometer südlich in Richtung Keşan, benannt nach einer imposanten 1,4 Kilometer langen Brücke mit 173 Bögen aus osmanischer Zeit, über die immer noch der Verkehr rollt. Babaeski, 22 Kilometer hinter Havsa Richtung Istanbul mit der ebenfalls von Sinan erbauten Semiz Ali Paşa-Moschee. Lüleburgaz, weitere 19 Kilometer in Richtung Istanbul, mit Sinans großem Stiftungs-Komplex aus Moschee, Medrese, Karawanserei und Bibliothek. Die Sakralbauten stammen aus dem 16. Jahr-

hundert. Silivri, 82 Kilometer vor Istanbul am Marmara-Meer, beherbergt Reste der 507 bis 512 von den Byzantinern erbauten, 45 Kilometer langen Schutzmauer.

Information: Turizm Danışma, Hürriyet Meydanı, Tel. (9-181) 11518; außerdem direkt an den Grenzstationen Kapıkule und Ipsala.

Halbinsel Gelibolu

Wer zur Ägäis oder der Südküste möchte, fährt am besten entlang der Gelibolu (auch Gallapoli-)Halbinsel, um mit der Fähre die Dardanellen zu überqueren.

Anfahrt: Von der griechisch-türkischen Grenze bei Ipsala in Richtung Keşan (35 Kilometer), von dort zur Hafenstadt Gelibolu (80 Kilometer) oder Eceabat (121 Kilometer). Von der bulgarisch-türkischen Grenze über Edirne nach Havsa (45 Kilometer), von hier nach Gelibolu (161 Kilometer) oder Eceabat (205 Kilometer). Die beste Fährverbindung besteht zwischen Eceabat und Çanakkale im 30-Minuten-Takt rund um die Uhr. Das Übersetzen mit der Autofähre dauert 30 Minuten. Von Gelibolu nach Lapseki verkehren die Fähren etwa jede Stunde. Häufige Busverbindung auf der Halbinsel.

Übernachtung: Es empfiehlt sich, in Edirne zu übernachten oder nach der Überfahrt in Çanakkale. Auf der Halbinsel gibt es nur wenige, einfache Unterkünfte.

Sehenswürdigkeiten: An der engsten Stelle der Halbinsel Gelibolu liegt auf einer Anhöhe als Wallfahrtsstätte das Grabmal Süleyman Paşas (1520 bis 1559), Sohn des Sultans Orhan I. Als erster Osmane eroberte Süleyman europäischen Boden, seine Residenz lag in Gelibolu. Dort finden sich auch die nach ihm benannte Moschee sowie das Grab seines Fahnenträgers Bayraklı Dede (Nähe Leuchtturm). Die Stadt besitzt noch Häuser aus osmanischer Zeit.

Ein Nationalpark der Geschichte wurde auf Gelibolu zur Erinnerung an den Ersten Weltkrieg geschaffen. Der 18. März, Datum der entscheidenden Schlacht im Jahr 1915, wurde zum Gedenktag erklärt, zu dem jährlich Abordnungen der am Krieg beteiligten Länder kommen. Die Festung Kilitbahir liegt fünf Kilometer westlich von Eceabat und beherbergt ein kleines Heimatmuseum.

Pavillon für Waschungen in Lüleburgaz

STADTBIBLIOTHEK. GEÖFFNET ZWISCHEN 2. UND 11. JAHRHUNDERTEN.

ZUR ERINNERUNG AN SEINEN VATER GAIUS JULIUS CELSUS ERRICHTETE DER RÖMISCHE KONSUL GAIUS JULIUS AQUILA POLEMAEANUS IM JAHRE 110 N. CHR. IN EPHESUS DIE CELSUS-MONUMENTAL-BIBLIOTHEK. FÜR DEN ERWERB VON BÜCHERN UND DIE ERHALTUNG DER GEBÄUDE HINTERLIESS ER AUSSERDEM 25000 DENARE. KÖNNTE ER HEUTE NACH HUNDERTEN VON JAHREN SEHEN, MIT WELCHER SORGFALT SEINE BIBLIOTHEK WIEDERAUFGEBAUT WURDE, HÄTTE ER DIE BESTÄTIGUNG FÜR SEINE GUTE ABSICHT. LEDIGLICH DIE BÜCHER WÜRDE ER VERMISSEN. NICHT NUR DIE CELSUS-BIBLIOTHEK EXISTIERT NOCH, SONDERN AUCH DIE GANZE RÖMISCHE STADT EPHESUS -OFT BEZEICHNET ALS DIE ERSTE UND GRÖSSTE METROPOLE ASIENS- IST EINE BEEINDRUCKENDE ARCHÄOLOGISCHE STÄTTE DER ANTIKE.

ENTDECKEN SIE DIE TÜRKEI, DAS ENZIGE LAND, WO DIE FAST 2000 JAHRE ALTEN BIBLIOTHEKEN NOCH GEÖFFNET SIND.

TURKISH AIRLINES

ENTDECKEN SIE DIE TÜRKEI

MARMARA-REGION **Von Europa nach Asien – zu den Schätzen Trojas**

*Fähren schippern Reisende über die Dardanellen
und damit von Europa nach Asien. Nur wenige Urlauber
schlagen den Weg an die Marmara-Küste ein;
die meisten fahren nach Süden, in Richtung Assos (großes
Bild). Dabei passieren sie Troja, eine der
bedeutendsten Ausgrabungsstätten überhaupt.
An ihrem Eingang steht der Nachbau des Trojanischen Pferdes.*

Szene am Hafenkai von Çanakkale

Die Rampe führt zu Trojas Athenatempel

Die Burganlage von Çanakkale aus dem Jahr 1452

Uhrturm in Çanakkales Innenstadt

Stets gemächlich: Schafhandel in Çanakkale

Pferdefuhrwerke und rollende Imbißwagen erwarten die Passagiere im Hafen von Çanakkale an den Dardanellen. Wenige Kilometer südlich der Transitstadt zwischen Europa und Asien liegt das sagenumwobene Troja, dessen erste Gründung bis in die Zeit um 2500 v. Chr. zurückreicht. Neun Städte wurden auf den Grundmauern der jeweils vorigen errichtet, die letzte um 400 n. Chr. In byzantinischer Zeit verfiel Troja endgültig.

Beim Osttor: Mauerreste verschiedener Epochen

Nur eine Teepause nimmt die Überfahrt von Europa nach Asien in Anspruch. Kaum hat die Fähre von der Gelibolu-Halbinsel Kurs auf Çanakkale genommen, erwarten Tabletts mit gefüllten Çay-Gläsern die Passagiere. Eine frische Brise um die Nase, tuckern die Reisenden so langsam über die Dardanellen, in Richtung nördlicher Ägäis. Wenn ein Fährschiff eintrifft oder ablegt, ist es in Çanakkale für kurze Zeit aus mit der orientalischen Beschaulichkeit. Viele Bewohner leben vom Fährbetrieb, die Obst-, Sesamkringel- und Kuruyemiş-Verkäufer mit ihren Karren voll Knabbereien: geröstete Kichererbsen, Mandeln und Pistazien. Und auch die Schuhputzer eilen mit ihren blitzenden Messingkästen hoffnungsvoll zur

Ruinen im heiligen Bezirk von Troja

Karawane von Autos auf dem Kai. Mit Ausnahme des Fährhafens besitzt Çanakkale kaum Bedeutung. Die Geschichte der Kleinstadt reicht zurück bis ins 4. Jahrhundert v. Chr., als die Perser die Region beherrschten. Sein Name, der übersetzt »Topfschloß« heißt, entstand in Anlehnung an die Tradition der Keramikherstellung; antike Schalen und Krüge sind heute gesuchte Sammlerstücke. Die jetzt vor der Stadt angesiedelte Keramikindustrie beschränkt sich auf die Anfertigung von Kacheln.

Außer einem Museum bietet die Stadt kaum Sehenswürdigkeiten, sie wurden 1912 bei einem Erdbeben zerstört. Geschichten können jedoch die Dardanellen erzählen, die ihren Namen dem Volk der Dardanen verdanken, das einst an dieser Wasserstraße siedelte. So erzählt eine Legende von der Aphrodite-Priesterin Hero und ihrem Liebhaber Leander, der beim Durchschwimmen der engsten Stelle ertrank. Erfolgreicher bei dieser sportlichen Übung war der exzentrische Lord Byron, der die Dardanellen 1810 überquerte und dafür weltweite Anerkennung erntete.

Das sagenhafte Troja – ein Kindheitstraum Schliemanns

Auf einer Anhöhe über der kargen Ebene liegt westlich von Çanakkale das alte Troja. Ein internationales Archäologenteam unter deutscher Leitung wird dort noch immer fündig. Zudem hat es alle Hände voll zu tun, die Hinterlassenschaft Heinrich Schliemanns zu sondieren, einem Mecklenburger, der schon als Kind armer Eltern von Troja und seinen Schätzen träumte. Die Ilias, das Heldenepos Homers, hatte ihn auf die Spur gebracht. Zu Reichtum gelangt, reiste er 1871 in die Ägäis, setzte mit 150 Helfern auf der Hisarlık Tepesi genannten Anhöhe die Spaten an und durchzog Troja mit breiten Schneisen. Zwei Jahre später stieß er tatsächlich auf den Schatz des Priamos. Es ist das vermeintliche Golddepot eines Herrschers, der nach gnadenlosem Kampf gegen die Griechen mit seiner Stadt untergegangen war. Einen eindeutigen Beweis für die Existenz des Schatzes blieben Archäologen aber bisher schuldig. Schliemanns Annahme, daß Troja eigentlich eine Reihe von Städten gewesen sei, bestätigte sich dagegen bei späteren, wissenschaftlich geführten Grabungen. Demzufolge sind ab etwa 2800 v. Chr. insgesamt neun Städte auf den Trümmern der jeweils älteren errichtet worden. Mächtige Bollwerke und raffinierte Fallen in der Befestigungsmauer verraten, wie sich die Stadt gegen Feinde zu verteidigen suchte. Troja kontrollierte den Eingang zu den Dardanellen und gelangte so zu Reichtum. Auf dem Hügel sind wenige attraktive Reste zu sehen; die Ausgrabungsschätze liegen in Museen in Istanbul, Berlin und Athen. Dank der anschaulichen Informationstafeln wird ein Rundgang durch die Ruinen aber zum spannenden Streifzug durch die Antike. Am Trojanischen Pferd, im Museumsgarten aus Holz gezimmert, haben die Besucher ihren besonderen Spaß, denn auf das Ungetüm kann man klettern und ganz Troja überschauen.

Pelikane und Fischreiher brüten im Vogelparadies

In den Katalogen der Reiseveranstalter fehlen die Kapıdağ-Halbinsel und die ihr vorgelagerten Inseln Paşalimanı, Avşa und Marmara. Nur wenige Urlauber biegen bei Çanakkale nach Nordosten ab und fahren unterhalb der Berge durch die Ebene an die Marmara-Küste. Nur die Türken, vor allem aus Istanbul, wissen, daß es dort schöne Strände und sauberes Wasser gibt, ausgenommen in der von Fabriken verdreckten Bucht von Bandırma. Für die meisten ist die Büyük Plaj, der kilometerlange Sandstrand nordwestlich von Erdek, Haupt-

Bahcedere liegt reizvoll in den Bergen östlich von Ayvacık

Schutz unterm Sonnenschirm am Strand bei Oren

Aus dem Apollon-Tempel: Relief . . .

anziehungspunkt; viele Hotels säumen dort die Küste.

Eine Alternative sind die drei vorgelagerten Inseln, zu erreichen über den Hafen von Erdek. Doch auch diese Bade- und Wanderparadiese gewinnen immer stärkeren Zulauf. Auf der Marmara-Insel kann man sich bei der Bootsanlegestelle mit etwas Glück ein Fahrrad mieten und das 18 Kilometer lange Eiland umradeln.

Kurz vor Erdek, am schmalen Zugang zur Halbinsel, weisen Schilder zur antiken Stadt Kyzikos und ihrem Zeustempel, doch der Ausflug endet im Feigenbaumhain. Reste der im 7. Jahrhundert

Reizvolle Plätze lassen sich an der wenig befahrenen Küstenstraße zwischen Troja und Assos und im dahinter liegenden Gebirge entdecken. Das Dorf Gülpinar gruppiert sich um einen Tempel des Apollon Smintheus, der sich durch reichen Girlandenschmuck auszeichnet. Der winzige Strand von Behramkale liegt wenige Autominuten südlich unterhalb des Tempels der Athena von Assos. Badespaß erwartet Urlauber auch bei Küçükkuyu, Akçay und Ören.

. . . und Säule

v. Chr. von Miletern gegründeten Stadt liegen schwer erreichbar unter Gestrüpp, Marmorbrocken des Tempels verteilen sich nahe der Straße hinter einem Gehöft.

Lohnender ist ein Ausflug zum etwas südlich gelegenen Manyas- oder Kuş-See, einem Vogelparadies. Schon zeitig im Vorfrühling treffen dort Kormorane und Löffelreiher ein. Ihnen folgen Gänse, Enten und Bläßhühner sowie im späten März die weißen Fischreiher und die Pelikane. Im Schilf und auf den Uferweiden des Kuşcenneti Milli Parkı herrscht dann Hochbetrieb. Auf ihrer Rückreise aus den Winterquartieren im Süden machen jährlich zwei bis drei Millionen Vögel am Seeufer Rast, um neue Kräfte zu sammeln oder zu brüten. 255 Vogelarten wurden zeitweise gezählt, darunter 60, die dort jedes Jahr ihren Nachwuchs großziehen.

In Gölyazı ist stets Zeit für ein Schwätzchen

Schon um 300 v. Chr. wurde das Vogelparadies von Xenophon beschrieben. Daß es 1959 zum Schutzgebiet und Nationalpark erklärt wurde, ist dem deutschen Emigrantenehepaar Professor Dr. Curt Kosswig, dem früheren Direktor des Zoologischen Instituts der Universität Istanbul, und seiner Frau Leonore zu verdanken. Besucher dürfen nur von einem Holzturm aus den meist überfluteten Auwald mit seinem Vogelreich beobachten. Ein kleines Museum mit Besucherzentrum hält Informationsmaterial und Ferngläser bereit.

Am Ulubat-See etwas östlich in Richtung Bursa finden Besucher ein reizvolles anatolisches Dorf: Gölyazı liegt auf einer kleinen Halbinsel, umgeben von den Mauern des antiken Apollonia. Vor den Häusern flicken Frauen Fischernetze und sind immer für ein Schwätzchen mit den selten vorbeischauenden Touristen bereit.

Die meisten Reisenden schlagen von Çanakkale aus die südliche Richtung ein. Anstatt auf direktem Wege nach Izmir zu fahren, bietet sich ein Umweg entlang der Küste an: Von der Abzweigung bei Taştepe führt die Landstraße zum kleinen Fischerhafen Odunluk Iskelesi. Boote bringen die Gäste von dort auf die Insel Bozcaada, wo das Leben einen beschaulichen Gang nimmt. Von Odunluk Iskelesi führt die schma-

Hafenrestaurant in Behramkale

Assos: weiter Blick auf die Insel Lesbos vom Athena-Tempel

Spielplatz und Aussichtspunkt: Anleger in Erdek

Nach dem Fang werden Netze sortiert: im Hafen von Erdek

Ortsansicht von Gölyazı

Weidende Gänse: Szene in Manyas Kuşcenneti

Alexandria Troas Thermen bei Odunluk Iskelesi

Ein wenig bekanntes Ferienparadies ist das asiatische Ufer des Marmara-Meeres. Kilometerlange Strände ziehen sich vor allem entlang der Kapidağ-Halbinsel bei Erdek, von wo Fähren zu den nahe gelegenen Marmara-Inseln ablegen. Hinter der Küste liegen an Binnenseen das reizvolle Dorf Gölyazı und das Vogelreservat Kuşcenneti, seit 1959 Nationalpark. Über 250 Vogelarten sind dort gezählt worden. Auf der Rückreise aus den Winterquartieren im Süden machen im Frühjahr zwei bis drei Millionen Zugvögel Rast an den Seeufern.

le, teilweise abenteuerliche Straße über verschlafene Dörfer weiter nach Süden, vorbei am antiken Alexandreia Troas, dessen wenige Ruinen am Wegesrand liegen. Seine größte Bedeutung hatte der Hafen zur Römerzeit; er verfiel, als Konstantinopel Hauptstadt wurde. Später wurden in ihm Granitbrocken verladen – die Istanbuler benutzten die Stadt als Steinbruch für ihre Prachtbauten. Mehr zu sehen gibt es in Chryse bei Gülpınar, wo auf dem Dorfplatz der Tempel des Apollon Smintheus steht. Eine deutsche Autofirma läßt ihn restaurieren. Am Golf von Edremit wird die Hauptstraße wieder erreicht, und wer nicht in Assos gebadet und gefaulenzt hat, kann das in den Ferienorten Akçay und Ören nachholen. Dort verbringen vor allem viele Einheimische ihre Ferien.

Dicht ducken sich die Häuser an den Burgberg

In der grün-gelb gefärbten Landschaft läßt sich die Akropolis von Assos im Golf von Edremit schon von weitem ausmachen. Dicht ducken sich massive, mit roten Schindeln gedeckte Steinhäuser des Dorfes Behramkale an den Burgberg. Über eine holprige Straße geht es bergan zum Dorfplatz. Neben dem Krämerladen bieten ein paar Frauen selbstgehäkelte Spitzen und farbenfrohe Teppiche an, während die Männer beim Teehaus dösen.

Etwas oberhalb des Dorfes liegen auf dem Plateau der Akropolis eine alte Moschee und die Reste des Athena-Tempels friedlich beieinander. Es gab sogar eine Kirche für die früh gegründete christliche Gemeinde, die schon Apostel Paulus besuchte. Teile ihres Gotteshauses wurden im 14. Jahrhundert beim Bau der Moschee verwendet. Vom Tempel reicht der Blick weit über Küste und tiefblaues Meer; im Dunst ist in der Ferne die griechische Insel Lesbos zu erkennen.

Unterhalb der wuchtigen Burgmauern erstreckt sich ein schmaler Küstenstreifen, den sich ein paar kleine Hotels, ein Fischereihafen und ein kleiner Badestrand teilen. Hier ist kein Platz für Massentourismus, doch genug für blumenüberwucherte Mäuerchen und ein paar wackelige Tische und Stühle am Kai, die für frisch gefangenen, gegrillten Fisch bereitstehen.

Blühende Mimosenbäume in Manyas Kuşcenneti

Çanakkale

Kleine Hafenstadt an den Dardanellen.
Unterkunft: Eine Reihe von Hotels liegen an der Hafenpromenade. Empfehlenswert: Truva Oteli, Yalıboyu Cad. (Tel. 110 24) oder Anafartalar Oteli, Kayserili A. Paşa Cad. (Tel. 144 55).
Information: Turizm Danışma, Iskele Meydanı 67 (Hafenplatz), Tel. (9-196) 11187.

Troja

Eine der bedeutendsten Ruinenstädte Kleinasiens.
Anfahrt: Dolmuş und organisierte Ausflüge ab Çanakkale, Auskunft beim Touristikbüro. Die antike Stadt und das Museum sind täglich von acht Uhr bis Sonnenuntergang geöffnet.
Unterkunft: Bei Troja liegen einige Mittelklasse-Hotels.

Erdek

Einst der Hafen von Kyzikos, das in römischer Zeit Hauptstadt der Provinz Hellespontus war.
Anfahrt: Linienbus bis Bandırma, von dort weiter mit dem Minibus. Schiffsverbindung ab Istanbul (Anlegestelle bei Sirkeci) nach Bandırma.
Sehenswürdigkeiten: Säulenreste von Kyzikos in den Grünanlagen des Hafens; die meisten Ruinen an der Zufahrt zur Halbinsel.
Unterkunft: Viele Hotels und Pensionen an der Bucht von Erdek. Ein freundliches Familienhotel ist das Otel Özgün, Orman Kampı Arkası, Tel. 4722.
Ausflüge: Zu den Inseln Marmara, Avşa und Paşalimanı, mo bis do und sa 15.30

Uhr, fr 12 Uhr (in der Nebensaison seltener). Von Istanbul im Sommer direkt täglich um 8.30 Uhr.
Information: Turizm Derneği, Iskele Meydanı (Hafenplatz), Tel. (9-19 89) 14 86; Turizm Danışma, Hükümet Cad., 1. Sok. No. 2 (gegenüber der Post), Tel. (9-19 89) 11 69.

Kuş-See / Ulubat-See

Der Kuş-See ist eine wichtige Zwischenstation für Zugvögel.
Anfahrt: Mit dem Auto von Erdek zum Vogelparadies Kuşcenneti über die Hauptstraße 200 in Richtung Bursa, nach 13 Kilometern rechts ab in Richtung Balıkesir. Nach weiteren elf Kilometern ist die Zufahrt ausgeschildert. Zum Ulubat-See wieder zurück auf die Hauptstraße, weitere 60 Kilometer in Richtung Bursa und bei Karacaoba rechts ab zum Dorf Gölyazı. Den Wagen läßt man am besten vor der Brücke zur Halbinsel stehen. Nach Gölyazı auch Anbindung mit dem Dolmuş.
Unterkunft: In Gölyazı eine sehr einfache Pension.

Bozcaada

Die Insel liegt im türkisch-griechischen Grenzbereich; die Besuchserlaubnis muß in Çanakkale bei der Pasaport Polisi (Paßpolizei), Fespahane Sok., Kemal Pasa Mah. eingeholt werden.
Anfahrt: Nach Odunluk Iskelesi mit dem Dolmuş. Fähren täglich um 12, 13 und 19 Uhr.

Unterkunft: Nur einfache Pensionen.
Ausflüge: Nach Alexandria Troas; Alexander d. Gr. veranlaßte die Gründung der Stadt. Sie liegt kurz hinter Odunluk Iskelesi und ist noch wenig erforscht. Zu sehen sind Thermenreste sowie Ruinen von Tempel und Theater.

Assos

Stadt aus dem 8. Jahrhundert v. Chr.
Anfahrt: Mit dem Linienbus.
Sehenswürdigkeiten: Theater, Athena-Tempel, Agora und Reste der Stadtmauer aus dem 4. Jahrhundert v. Chr.
Unterkunft: Preiswerte Pensionen in Behramkale auf halber Höhe am Burgberg, Informationen am Teehaus. Die Hotels am Strand sind teurer, so das Behram Oteli, Tel. (9-0 81) 127 58. Hinter dem Strand ein Campingplatz.

Küçükkuyu, Akçay und Ören

Die drei Fischerorte am Golf von Edremit sind beliebte Ferienziele.
Anfahrt: Die Orte liegen unweit der Hauptstraße 550 zwischen Ayvacık und Burhaniye. Sie sind von beiden Stästen aus regelmäßig mit Bussen und Sammeltaxen zu erreichen.
Unterkunft: Es gibt überall viele Pensionen und preiswerte Hotels. Namen wie »Hotel Berlin« oder »Pension Köln« verraten, daß Gastarbeiter ihr Geld dort anlegten.
Ausgehen: Eine gute Auswahl von Teegärten und Restaurants, häufig mit türkischer Musik oder westlichen Hits. Diese Geräuschkulisse gehört zu einem türkischen Ferienort. Es macht Spaß, bis in die Nacht an der Küste zu flanieren. In Akçay gibt es einige Discos, zum Beispiel im Turban-Feriendorf. Dort auch gutes Sportangebot.
Ausflüge: Nach Bahçedere, einem hübschen Dorf in den Bergen fünf Kilometer nördlich von Küçükkuyu; Wunschbaum und Zeusaltar, über den bisher nichts bekannt ist. Von hier aus tolle Aussicht über die Küste.
Souvenirs: An der »Oliven-Riviera« lohnt es sich, die auf verschiedene Arten eingelegten Oliven zu kaufen. Hinweisschilder unterwegs, sonst in den Fachgeschäften der Badeorte.
Information: Turizm Danışma Akçay, Edremit Cad. 20, Tel. (9-6 71) 411 13.

Gewürze und Gemüse: Stand bei Küçükkuyu

An der »Oliven-Riviera«: Blick über Küçükkuyu auf die Ägäis

Fischer in Odunuluk Iskelesi

Volkskunst: bemalter Pferdewagen

Assos: Moschee und Teil der alten Befestigung

In steilen Serpentinen schlängelt sich die Straße zwischen Çanakkale und Edremit durch die Berge. Oberhalb von Küçükkuyu liegt ein idealer Rastplatz mit Blick über die Küste und guter Gelegenheit zum Kauf von Oliven.

Erst seit kurzem erlaubt ist der Trip nach Bozcaada im türkisch-griechischen Grenzbereich der Ägäis. Ausgangshafen ist Odunluk Iskelesi.

Einer der größten Orte der Region ist Çanakkale. Der Name bedeutet in der Übersetzung »Topfschloß«; er verweist auf die Töpfertradition der Stadt.

Keramikwaren, beliebte Souvenirs aus Çanakkale

Eines der noch angenehm ursprünglichen Hafenstädtchen
an der Ägäis ist Foca, am Ende einer von Buchten
und Stränden gesäumten Halbinsel gelegen; der Ort gilt als
einer der schönsten dieser Region. Historisch
Interessierte finden in Pergamon ein Juwel. Die nach einer
Unterschlagung zu Ruhm und Reichtum gelangte
Stadt zählte einst zu den bedeutendsten Kleinasiens.

Pergamon: Eine Unterschlagung sicherte den Ruhm

Grabmonument in Taskule

Insel- und Küstenlandschaft bei Ayvalık

Eine genuesische Burg überragt Çandarlı

Fischer in Dikili

Wer von Ayvalık zur Teufelstafel fährt, wird mit einer wunderschönen Aussicht über die Inselwelt der türkischen Ägäis belohnt. Im Hintergrund erhebt sich die griechische Insel Lesbos aus dem Wasser, nur wenige Kilometer trennt sie von der türkischen Küste.

Um Ayvalık, einer durch die Seidenherstellung und Olivenverarbeitung wohlhabenden Stadt, finden Urlauber die Zutaten für gelungene Ferien: Strände und blaues Meer, hübsche Fischerorte und nicht weit entfernt bei Bergama die bekannten Ruinen von Pergamon.

Im warmen Abendlicht: Restaurant in Dikili

Meist liegt ein feiner Dunstschleier über Bergama, vor allem im heißen Sommer, wenn der Wind den Staub über die fruchtbare Ebene des Bakır Çayi treibt. Wie ein Handtuch breitet sich die Provinzstadt aus, ein Landwirtschafts- und Handelszentrum unweit des antiken Selinus. Der kleine Fluß mündet 30 Kilometer westlich in das Ägäische Meer. Schon bei der Anfahrt fällt eine gewaltige, rote Backsteinruine auf, die Rote Halle oder Kızıl Avlu, die zwischen den Dächern von Bergama herausragt. Kaiser Hadrian ließ sie im zweiten Jahrhundert v. Chr. zu Ehren des ägyptischen Gottes Serapis bauen. Später funktionierten die Byzantiner den Tempel in die Johannis-Basilika um. Die bedeutende christliche Gemeinde war eine der sieben Kirchen der Apokalypse des Heiligen Johannes.

Bunt bemalte Pferdewagen reisen montags zum Markt

Tasten die Augen den Burgberg im Rükken der Stadt ab, bleiben sie an weißen Marmorsäulen haften. Sie sind Zeugen des alten Pergamon, der Residenzstadt der Attaliden (263 bis 133 v. Chr.) und späteren Hauptstadt der römischen Provinz Asia. In Scharen reisen die Besucher in die historische Stadt; nur am Markttag, dem Montag, sind mehr bunt bemalte Pferdewagen und abenteuerlich beladene Transporter als Touristenbusse zu sehen.

Wer sich an Pergamon noch aus der Schulzeit erinnert, weiß, daß das aus Tierhäuten hergestellte Pergament

nach ihr benannt wurde. Es war das Papier der damaligen Zeit. Viele kennen auch das auf einer Spree-Halbinsel in Berlin liegende Pergamon-Museum. Seinen Namen verdankt es dem 1902 dort aufgestellten Zeusaltar, der von dem deutschen Ingenieur Carl Humann auf dem Pergamon-Burgberg freigelegt worden war. Ein 120 Meter langes Reliefband mit Szenen und Figurengruppen der berühmten pergamesischen Bildhauerschule zeigt den Sieg der Attaliden über die Galater.

Pergamon war schon im siebten vorchristlichen Jahrhundert besiedelt, gewann jedoch erst zur Zeit Alexanders des Großen und später unter der Dynastie der Attaliden politische und kulturelle Bedeutung. Die Finanzen für den Aufstieg stammten aus einer Unterschlagung: Lysimachos, ein Feldherr Alexanders, hatte bei der Eroberung Kleinasiens die stolze Summe von 9000 Talenten auf die Seite gebracht. Er vertraute sie seinem Eunuchen Philetairos in Pergamon zur Aufbewahrung an. Dieser baute Pergamon mit dem Kapital seines Herrn zu seinem eigenen Reich aus. Eumenes I., sein Adoptivsohn und Nachfolger, dehnte den Herrschaftsbereich aus, wie auch dessen Sohn Attalos I., der die Galater besiegte und Pergamon zur stärksten Militärmacht der Region anwachsen ließ.

Die Machthaber von Pergamon förderten die Entwicklung der Kultur und Wissenschaft. So ließ Attalos eine Bibliothek bauen, die unter seinem Sohn Eumenes II. 200 000 Bände umfaßte und der Bibliothek von Alexandria fast ebenbürtig war.

Pergamon: Stadt der Kunst und ein berühmter Kurort

Das pergamenische Machtgebiet reichte in der Blütezeit bis zum Taurus und schloß auch Antalya ein. Unter Attalos III. ging die glanzvolle Zeit der Attaliden um 100 v. Chr. aber zu Ende. Der letzte König, ein unter Verfolgungswahn leidender Sonderling, soll sein Reich testamentarisch den Römern vermacht haben, die es ihrer Provinz Asia einverleibten. Sie setzten das Werk der kunstinteressierten Attaliden fort. Neue Prachtbauten und Einrichtungen entstanden, und nach der Neugestaltung rückte das Asklepion zur berühmtesten Heilstätte der Antike auf.

Am Samrısaklı-Strand

Die Rote Halle von Pergamon, ursprünglich als Tempel errichtet

Das steile Theater faßte 10 000 Zuschauer

Säulen flankieren den Eingang zum Demeter-Heiligtum

Blick über den Zeus-Altar auf Bergama

Raum eines hellenistischen Wohnhauses

Nur das Fundament blieb stehen, der gigantische Rest des Zeusaltars von Pergamon ist im gleichnamigen Museum in Berlin zu sehen. Zu Füßen des Burgberges breitet sich auf einer Ebene das Landstädtchen Bergama aus, berühmt für Teppiche.
Die Größe und der Reichtum des antiken Pergamon lassen sich am besten durch einen Rundgang erschließen.

Reste des Trajaneums werden restauriert

Zeitweise zählte Pergamon 150 000 Einwohner. So läßt sich auch die riesige Ausdehnung der Residenz auf dem Burgberg verstehen, die in Terrassen und in der Ebene angelegt ist. Für eine Besichtigung benötigt man Zeit, robustes Schuhwerk und in der Sommerzeit einen stabilen Kreislauf.

Mit dem Ende des Römischen Reiches verblaßte auch der Stern Pergamons. Byzantiner, Araber, Türken und der Mongole Timur Lenk eroberten sie wechselweise, bis sie unter den Osmanen wieder einige Bedeutung erlangte. Heute ist das gut 50 000 Einwohner zählende Bergama Mittelpunkt des Tabak- und Feigenanbaus und berühmt für seine Teppiche. Die Knüpfarbeiten, angelehnt an kaukasische Muster, entstehen in umliegenden Dörfern, und die Hauptstraße Bergamas gleicht mit ihren vielen Teppichgeschäften einem Basar. So mancher Tourist läßt sich bei einem Glas Tee zunächst unverbindlich eine Kollektion zeigen, um nach einer Weile mit einem Paket unter dem Arm von dannen zu ziehen.

Ein Gewimmel von vorgelagerten Inseln, Landzungen, außerdem Pinienwälder, ausgedehnte Olivenhaine und vor allem der sieben Kilometer lange, feine Sandstrand vom Sarımsaklı machen das Gebiet um Ayvalık beliebt bei Urlaubern. Leider hinterließ der Touristenboom bereits seine Spuren. Der Rubel rollt, und am Knoblauch-Strand, wie der Sarımsaklı-Strand in der Übersetzung heißt, herrscht Trubel wie anderswo am Mittelmeer auch. Planlos, so scheint es, wurden Hotels und Pensionen in die Landschaft gesetzt.

Auf Şeytan Sofrası setzte der Teufel seinen Fuß

Doch im Städtchen Ayvalık fahren unbeirrt die altmodischen Kutschen, vorbei an traditionellen Häusern und der lebhaften Marina. Von dort aus starten Boote in die umliegende Inselwelt und zur Alibey-Insel, und auch zur griechischen Insel Lesbos gibt es eine regelmäßige Verbindung. Zahlreiche in Moscheen umgewandelte Kirchen erinnern an die frühere griechische Bevölkerung, die Ayvalık bis zum großen Völkeraustausch 1924 mit den Türken teilte.

Drei Kilometer südlich vom Zentrum liegt der Ferienort Çamlık, südwestlich davon auf einer Halbinsel »Şeytan Sofrası«, die »Teufelstafel« mit dem garantiert authentischen Fußabdruck des Satans im Felsen, wie vor Ort bestätigt wird. Hier den Sonnenuntergang abzuwarten, ist ein Erlebnis.

Die meisten Touristen sieht Dikili nur ankommen und wegfahren. Das Hafenstädtchen gegenüber der Insel Lesbos laufen regelmäßig die weißen Kreuzfahrtschiffe an, die ihre Passagiere nur für den schnellen Besuch des 20 Kilometer entfernten Pergamon entlassen. Die türkischen Urlauber, die in den Sommermonaten die kleinen Strände im Norden des Ortes und die wenigen Pensionen besuchen, schätzen seine Ursprünglichkeit.

Entlang Buchten und Bergen ins malerische Eski-Foça

In einer stets windigen Bucht erhebt sich auf einer Halbinsel etwas weiter südlich die trutzige Venezianerburg von Çandarlı. Die schöne Lage des Ortes lockt vor allem Individualisten an, denen die gemütlichen Pensionen und kleinen Hotels eher zusagen als die überlaufenen Unterkünfte und Strände weiter nördlich. Ein bescheidener Streifen Sand zieht sich entlang der Uferstraße, wo sich abends Einheimische und Gäste treffen. Einst lag auf der Halbinsel die äolische Stadt Pitane, doch von ihr blieb nichts erhalten.

Auf der Weiterfahrt in Richtung Izmir zweigt hinter dem wenig reizvollen Aliağa mit seinen Erdölraffinerien eine Straße nach Foça ab, die zu den schönsten der ägäischen Küste zählt. In engen Kurven schlängelt sie sich entlang der Buchten und Berge, passiert Einschnitte mit kleinen Stränden und verlassene Turmhäuser aus Bruchstein. Vorbei an Yeni Foça, Neu-Foça, einem aufstrebenden Touristenort, führt sie zum zehn Kilometer entfernt liegenden Eski Foça, Alt-Foça, das malerisch an der Landenge einer Halbinsel liegt. Eine Genueserburg und Häuser im griechischen Stil machen den Abstecher lohnenswert.

Ionier gründeten das alte Phokäa im 8. Jahrhundert n. Chr. Die Phokier galten als erfahrene Seefahrer, die zahlreiche Kolonien am Mittelmeer und Schwarzen Meer gründeten; die bekanntesten sind Samsun am Schwarzen Meer sowie Marseille und Nizza an der Französischen Riviera.

Bergama

Das Landstädtchen sonnt sich im Glanz des alten Pergamon und lockt zahlreiche Touristen an.

Anfahrt: Linienbusse ab Çanakkale und Izmir. Von den Ferienzentren an der Ägäis gibt es organisierte Ausflüge.

Sehenswürdigkeiten: Das alte Pergamon. Für einen Rundgang über den Burgberg etwa drei Stunden einkalkulieren. Ein Taxi für die vier Kilometer lange Anfahrt bis zum Parkplatz im oberen Bezirk nehmen, wo die Besichtigung beginnt. Man betritt die Ausgrabungsstätte durch das Burgtor und geht nach rechts über die alte Stadtstraße, vorbei an den sogenannten Königspalästen bis zur Befestigung und den dahinter liegenden Arsenalen. Von dort Blick auf Reste des römischen Wassersystems. Dann außerhalb der Mauern nach Süden zum Trajansheiligtum, das am steilen Hang auf Tonnengewölben ruht. Sie dienten als Archiv und Schatzkammer.

Weiter geht es durch die Reste der Bibliothek und der Bildhauerschule zum Athena-Tempel, einem der wenigen dorischen Tempel in Kleinasien mit Säulenresten auf dem Fundament. Erkennen lassen sich von dort schon das Theater am Hang, das steilste in Kleinasien, und die Theaterterrasse mit dem angrenzenden Dionysos-Tempel. Schweift der Blick über die Ebene, fallen ein zweites römisches Theater auf sowie ein Stadion und eine Arena für Gladiatorenkämpfe.

Folgt man dem ersten Quergang nach links, erreicht man die Fundamente des großen Zeus-Altars und das Heroon, die Kultstätte der pergamenischen Herrscher. Weiter zum oberen Marktplatz, zur Mittelstadt und zum Heiligtum der Demeter, Göttin der Fruchtbarkeit. Durch die Gymnasien kommt man von dort zum Unteren Marktplatz. Beim Eumenischen Stadttor endet der Rundgang.

Das Asklepion, ein antikes Kurzentrum, schmiegt sich in eine Talsenke (hinter der heutigen Kaserne) am südwestlichen Stadtrand. Vom Parkplatz aus verläuft die antike Straße, ehemals von Geschäften, darunter viele Apotheken, gesäumt. Das Museum besitzt eine archaische, hellenistische und volkstümliche Sammlung, außer mo täglich von 9 bis 17 Uhr geöffnet.

REISE-INFO
BERGAMA

Unterkunft: Bergama Tusan Moteli an der Abzweigung nach Bergama, Tel. (9-541) 1 11 73. Weitere Hotels an der Hauptstraße von Bergama.

Ausgehen: Eine gute und preiswerte Küche bietet das Kardeşler Restaurant auf der Hauptstraße (Izmir Cad.) gegenüber vom Stadion, Tel. (9-5 41) 1 10 50 und 1 32 41. Spezialitäten: Kadınbudu köfte (»Frauenschenkel«-Frikadellen) und Kagıtkebabı (Kebap in Papier).

Veranstaltungen: Internationale Bergama Kermes mit Folklore, Theater, Ausstellungen, Musik, eine Woche lang Ende Mai und Anfang Juni.

Auskunft: Turizm Danışma, Izmir Cad. No. 54, Tel. (9-5 41) 1 18 62.

Ayvalık

Für einen Badeurlaub bietet Ayvalık von allen Orten in diesem Küstenbereich die besten Voraussetzungen.

Anfahrt: Linienbusse verkehren regelmäßig und in kurzen Zeitabständen von Burhaniye und Izmir.

Sehenswürdigkeiten: Ayvalık ist eine griechisch geprägte Stadt, deutlich zu erkennen an den Fassaden älterer Häuser. Sehenswert ist die Altstadt, deren Gassen noch von Kopfsteinpflaster bedeckt sind.

Ausflüge: Nach Bergama und zur griechischen Insel Lesbos: Die Fähre verkehrt täglich außer sonntags um 8.30 Uhr, am Vortag im Tourismusbüro buchen. Zur Şeytan Sofrası, der Teufelstafel, führt eine Abzweigung zwischen Çamlık und Sarımsaklı. Zur Alibey-Insel mit Windmühlen und den Ruinen der Nikola-Kirche sowie zahlreichen

Schlangensäule im Asklepieion von Pergamon

Stränden und Fischlokalen, mit Boot oder Taxi über die schmale Landverbindung.

Unterkunft: Viele Hotels und Pensionen. Wer Ruhe sucht, findet sie im Berk Oteli, einem alten, gemütlichen Haus (Ortaçamlık, No. 23, Tel. 1 15 01).

Ausgehen: Lokale, vor allem mit Fischgerichten, im Hafen von Ayvalık; Cafés, Bars und Discos am Sarımsaklı-Strand.

Sport: Am Sarımsaklı-Strand alle Arten von Wassersport.

Information: Turizm Danışma, Yat Limanı karşısı (gegenüber vom Yachthafen), Tel. (9-6 63) 1 21 22.

Çandarlı

Malerischer Ort mit einer restaurierten Festung auf einer landschaftlich besonders reizvollen Halbinsel.

Anfahrt: Von Izmir, Bergama und Dikili regelmäßige Minibusverbindung.

Sehenswürdigkeiten: Das Genuesen-Kastell aus dem 14. Jahrhundert. Nur mit Mühe ist zu erkennen, wo einst die äolische Stadt Pitane lag.

Unterkunft: Direkt an der Bucht die Philippi Pension (Sahil Yeni Cad. No. 11, Tel. (9-54 15) 10 53).

Eski Foça

Altes Städtchen, als Ferienort beliebt bei jungen Leuten.

Anfahrt: Es lohnt sich, die Staatsstraße 550 wenig südlich von Aliağa zu verlassen und über die schöne Küstenstraße weiter nach Foça zu fahren. Mit Minibus oder Linienbus von Izmir aus jede Stunde. Im Sommer zudem alle 20 Minuten Verbindung nach Foça vom Konak-Platz oder vom Busbahnhof aus.

Sehenswürdigkeiten: Şeytan Hamamı, Teufelsbad, ein größeres in den Hügel gebautes Kammergrab, liegt etwas versteckt oberhalb einer Neubausiedlung im Südwesten von Eski Foça. Die kleine Fatih-Moschee aus dem Jahr 1455, erbaut von Sultan Mehmet dem Eroberer, befindet sich oberhalb der Küste nahe dem osmanischen Haus Ağalar Konağı.

Unterkunft: Zahlreiche Pensionen und kleine Hotels.

Ausgehen: Etliche Hafenlokale.

Ausflüge: Mit dem Boot zu den Sirenen-Felsen mit Mönchsrobben-Kolonie und zu den vorgelagerten Inseln.

Information: Turizm Danışma am Ortseingang, Tel. (9-54 31) 12 22.

IZMIR # Schönheit am Meer – mit unverfälschtem Hinterland

*Schönes Izmir nennen Türken die drittgrößte Metropole
ihres Landes. Die lebensfrohe Stadt und ihre
vielen Sehenswürdigkeiten lassen sich mit der Droschke
gut erschließen. Wer einen ursprünglichen
Teil der Türkei sucht, wird in das Hinterland der
Millionenstadt fahren: zum Beispiel in die verschlafene
Provinzhauptstadt Manisa.*

Uhrturm auf dem Konak Meydanı

Wasserpfeife, häufig in Cafés zu sehen

Als würden sie hüpfen: arrangierte Fische auf dem Kemeraltı Bazar

Gut erhalten: Aquädukt in Izmir

Die Atatürk Caddesi, der »Kordon« entlang des Golfs von Izmir

Gedränge auf dem Tiermarkt unterhalb der Kadifekale

Güzel Izmir, schönes Izmir – so nennen die Türken ihre mit etwa 2,5 Millionen Einwohnern drittgrößte Stadt. Wer das Zentrum des ägäischen Hafens auf der neuen Schnellstraße ansteuert, die sich auf Betonstelzen über Industrieanlagen, über Hafenbecken und die ärmeren Vororte hinwegzieht, wird aber zunächst abgestoßen von Schmutz und üblen Gerüchen. Die »Schöne« kämpft mit Umwelt-, vor allem mit Abwasserproblemen, was sich nur zu deutlich wahrnehmen läßt. Wie Istanbul kann auch sie den ständigen Zustrom von Zuwanderern aus dem unterentwickelten Osten der Türkei kaum verkraften und platzt aus allen Nähten. An den Berghängen rund um Izmir wachsen immer neue Stadtteile.

Erst im Zentrum, am Konak Meydanı, dem Konak-Platz mit dem Uhrturm im Zuckerbäckerstil, der Moschee und den großzügigen Boulevards zeigt Izmir, daß es den Kosenamen verdient. Die Lage an der muschelförmigen Bucht, das milde Klima und die leichte, mediterrane Lebensart seiner Bewohner bestätigen den Ruf.

Izmir: seit jeher ein bedeutendes Handelszentrum

Zu jeder Zeit zog die Bucht Siedler an. Die erste Niederlassung lag im Norden der heutigen Stadt, auf einem Hügel im Vorort Bayraklı. Äolische Funde stammen aus dem 11. Jahrhundert v. Chr., doch wahrscheinlich war die Region schon im 3. Jahrtausend v. Chr. besiedelt. Nach den Äoliern kamen die Ionier, ebenfalls ein griechisches Volk. Das alte Smyrna erhebt sogar Anspruch, der Geburtsort Homers zu sein. Doch erst mit Alexander dem Großen kam 334 v. Chr. Bewegung in die Geschichte der Stadt. Der Feldherr ließ auf dem Pagosberg im Rücken des heutigen Izmir ein neues Smyrna gründen und eine Festung bauen, die in türkischer Sprache Kadifekale, Samtburg, heißt. Ihre jetzige Gestalt stammt aus byzantinischer und spätosmanischer Zeit.

Die günstige Lage machte Smyrna zum wichtigen Handelszentrum. Durch kluge Taktik verstand es die Stadt, sich mit konkurrierenden Mächten, den Pergamenern und Römern, zu arrangieren und so ihre Freiheit zu bewahren. Nach einem Erdbeben 178 n. Chr. beteiligte sich der römische Kaiser Marc Aurel am

Der Konak Meydanı ist das Zentrum Izmirs. Vom Hauptplatz mit dem Uhrturm sind die Museen und der Basar leicht zu Fuß zu erreichen. In einer Gasse hat dort der Wasserpfeifenmacher seine Werkstatt. Sein Handwerk steht für Qualität: Statt der modernen Kunststoffschläuche verwendet er solche aus Leder.

Durch eine Brandkatastrophe in den zwanziger Jahren wurde Izmir weitgehend zerstört; auch vom antiken Erbe blieben nur wenige Reste erhalten, wie die Aquädukte.

Wiederaufbau. Heute ist die Agora im Basarbezirk das einzige bemerkenswerte Zeugnis aus der Zeit der Antike. Früh zog das Christentum in Smyrna ein, seine Gemeinde gehörte zu den sieben wichtigsten Kleinasiens. Im 11. Jahrhundert eroberten die Seldschuken die Stadt, ihnen folgten die Kreuzritter, die byzantinischen Kaiser, Genuer, Türken und Mongolen. Seine strategische Lage am Meer machte Smyrna für viele Völker interessant. Erst unter den Osmanen kam es zur Ruhe und wurde reich durch Exporte, später nicht zuletzt auch durch die Smyrna-Feigen, die in Deutschland auf keinem Weihnachtsteller fehlen dürfen.

Ausländische Handelshäuser und aus Spanien vertriebene Juden, die als geschickte Handwerker bekannt waren, ließen sich dort nieder. Noch heute besitzt Izmir eine Synagoge. Es folgte ein Zustrom kleinasiatischer Griechen, die vom späten Mittelalter an die kosmopolitische Gesellschaft Smyrnas bereicherten. Levantinische Häuser mit verspielten Balkonen aus Schmiedeeisen, Kaufmannsvillen im Stadtteil Bornova und am Kordon (Seefront), das alte Theater, die Börse und nicht zuletzt der dekorative Uhrturm vermitteln nur einen winzigen Eindruck von der Einzigartigkeit dieser Stadt vor dem vernichtenden Brand 1922.

Die Muradiye Moschee in Manisa

Kostbar ausgestattet: die Muradiye Moschee

Trotz aller Schicksalsschläge: die Lebensfreude blieb

Nach dem Ersten Weltkrieg beanspruchte Griechenland die ägäische Küste und besetzte sie. Am 9. September 1922 brachte Kemal Atatürk mit seinen Truppen die Befreiung. Während des Abzugs der griechischen Einheiten brach dieses Feuer aus, das nach Berichten des britischen Korrespondenten G. Ward Price einer der größten Brände der Weltgeschichte war.

Im Friedensvertrag von Lausanne wurde 1923 der große Völkeraustausch beschlossen: Türken mußten Griechenland, Griechen türkischen Boden verlassen, auch dort, wo beide Völker über Jahrhunderte friedlich miteinander gelebt hatten. Das galt auch für Smyrna, das spätere Izmir.

Doch der Geist der lebensfrohen Stadt ist noch immer zu spüren, in den kleinen Altstadtgassen, die sich bis Kadifekale den Berg hochziehen, in den

Gemüsestand auf dem Markt von Akhisar

»Weinende Niobe«

Bemalte Arkaden der Sultan Moschee in Manisa

Handwerksvierteln nahe der alten Agora und natürlich im Basarviertel von Kemeraltı, wo auf Teufel komm raus gehandelt und gefeilscht wird, häufig aus reiner Lust an diesem Spiel. Zu jeder Tageszeit herrscht hier dichtes Gedränge. Es riecht nach Fisch, Gewürzen und Kokoreç, einer Grillspezialität aus Lamminnereien, die an kleinen Wägelchen verkauft wird. Und in den Teehäusern lassen sich die Wasserpfeifenraucher nicht aus ihrer sprichwörtlichen orientalischen Ruhe bringen. Man sollte den alten Teil Izmirs zu Fuß erobern, um seinen Charme zu erleben.

Wenn es Abend wird, füllt sich der Kordon mit Leben

Güzel Izmir, die Schöne der Levante, ist auch ein Industriezentrum mit dem Fuar, dem größten Messeplatz des Vorderen Orients. Die schicken Geschäfte am Kordon, dem die Bucht umschließenden Boulevard, und am zweiten Kordon dahinter können es mit den Boutiquen in Paris und London aufnehmen. Palmen säumen das Ufer und wiegen sanft ihre Wipfel, wenn der Imbat, der frische Nordwest-Wind, von der Ägäis herüberweht und die Sommerhitze erträglich macht. Gegen Abend flanieren Familien und Liebespaare in der kühlen Brise am Meer entlang, füllen sich die Restaurants und Bars am Kordon, versuchen die Droschkenpferde, die Rushhour zu ignorieren. Wenn es dunkel wird, leuchten vor allem an Festtagen die Spitzen der Minarette auf, und die Rufe der Muezzine vermischen sich mit dem Hupen der Autos und den Schreien der Möwen.

Auch die Fußgängerzone im Zentrum von Çeşme und der Platz am Hafen vor der Genueser-Festung werden abends zum lebhaften Touristentreff und Basar. Schuhputzer sitzen hinter blinkenden Messingkästen, Eis- und T-Shirt-Verkäufer machen dann ihre Geschäfte. Auch die Teppich- und Souvenirläden in den holprigen Seitengassen warten auf Kundschaft. Vor den Restaurants preisen Schlepper die Spezialitäten der ägäischen Küste an, vor allem Fisch und die in Olivenöl gegarten Gemüse.

Der Tourismus hat in Çeşme eine lange Tradition. Der Grund dafür liegt in zahlreichen Thermalquellen, aus denen 40 bis 60 Grad heißes Wasser sprudelt – vor allem in den beiden nahegelegenen

In osmanischer Zeit nahm Manisa eine Sonderstellung ein: In der kleinen Provinzstadt durften die Prinzen das Regieren üben. Die Sultane stifteten Manisa herrliche Moscheen und viele Sozialeinrichtungen. Auf die osmanische Zeit geht das Mesir-Fest zurück. Dann wird an der Mesir-Moschee eine Süßigkeit aus 37 Kräutern verteilt.

Wie viele weitere Städte an der Ägäis war auch Manisa bis zum griechisch-türkischen Konflikt Anfang der zwanziger Jahre von einer gemischten Bevölkerung bewohnt. Wer durch die Straßen streift, findet noch altertümliche Kaffeehäuser und Läden. Oberhalb der Stadt, wo auch der Niobe-Felsen liegt, beginnt der Sipil-Dağı-Nationalpark. Wanderwege und eine Reihe von Campingplätzen lohnen einen Aufenthalt abseits des touristischen Rummels.

In schöner Parkanlage: die Hatuniye Moschee

Koranschüler in der Ulu Cami von Manisa

Altertum in Felslandschaft: die Ruinen des Artemistempels von Sardes

Reizvoll gelegen: die Moschee von Salihli

Die restaurierte Fassade des Gymnasions von Sardes

Architrav mit Inschriften: Säulen des Gymnasions

Eine gute Autostunde von Izmir liegt Sardes, die Hauptstadt der Lyder. Ihr letzter König war der sagenhaft reiche Krösus. Wer die prachtvolle Fassade des Gymnasions sieht, kann sich kaum vorstellen, daß es sich hierbei vor allem um eine Einrichtung für Leibesübungen handelte.

Reizvoll ist das umliegende Bergland. Dörfer mit stattlichen Moscheen und alte, malerische Brücken liegen am Weg.

Synagoge von Sardes aus dem 3. Jahrhundert

ren Ebene des Gediz-Flusses. Nur wenige Touristen machen in ihr halt. Dabei besitzt Manisa viel schönere Moscheen als Izmir, ein unverfälschtes westanatolisches Alltagsleben sowie den buntesten Bauernmarkt weit und breit.

Ihre Glanzzeit erlebte die zweitgrößte Stadt der ägäischen Küste unter den Osmanen. Über 120 Jahre lang schickten die Sultane ihre Söhne nach Manisa, damit sie als Statthalter, von erfahrenen Beratern umgeben, das Regieren erlernten. Berühmte Sultane, wie der spätere Fatih Sultan Mehmet, der Eroberer von Konstantinopel, durchliefen diese Prinzenschule.

In Manisa erlernten Sultane das Regieren

Zu den schönsten Moscheen aus osmanischer Zeit zählt die Muradiye Cami, erbaut um 1538 von Sinan. Die angegliederte Medrese beherbergt das Archäologische Museum. Im benachbarten Imarethane, einem ehemaligen Handelshof, nähen heute Männer aus knallbunten Seidenstoffen prachtvolle Steppdecken, die zu jeder Brautaussteuer gehören.

Doch Manisa geizt nicht mit weiteren Sehenswürdigkeiten. Zu ihnen zählen die Sultan (Mesir) Camii, bei der jährlich das Mesir-Fest gefeiert wird (s. Reise-Info S. 47), die Hatuniye Camii, die Ivaz Paşa Camii am Ufer eines kleinen Flüßchens und die Ulu Camii, die älteste Moschee aus seldschukischer Zeit (1366/67) am Sandık-Hügel.

Die Zitadelle aus byzantinischer Zeit ist dagegen weitgehend zerfallen und dient dem Sipil-Daği-Nationalpark als Kulisse. Gerne kommen die Familien dorthin, um bei einem Glas Tee und einem Picknick die Aussicht über die weite Ebene und die Stadt zu genießen und die Nacht zu erwarten.

Von der Festung fällt der Blick auf einen etwas südlich gelegenen Felsvorsprung mit den grob gezeichneten Umrissen eines trauernden Frauenkopfes: den Niobefelsen. Seinen Namen erhielt er aus der griechischen Mythologie: Danach soll Niobe, Mutter von sieben Zwillingspaaren, Leto verspottet haben, die nur ein Zwillingspaar, Apollon und Artemis, hatte. Bis auf einen Jungen und ein Mädchen töteten Apollon und Artemis daraufhin alle Kinder Niobes. Als die verzweifelte Mutter zum Berg Si-

Orten Ilıca und Şifne. Seit der Antike werden die Quellen zur Heilung oder Linderung von Rheuma, Leber-, Nieren- und Hauterkrankungen genutzt. Einige Hotels, vor allem das Golden Dolphin und das Luxushotel Turban Çeşme, verfügen über eigene Thermalbäder und Kureinrichtungen.

Çeşme liegt auf einer Halbinsel etwa 84 Kilometer westlich von Izmir gegenüber der griechischen Insel Chios. Die Fahrt dorthin führt vorbei an Güzelbahce, einem hübschen Fischereihafen, der auch die Küchen Izmirs bedient, und weiter durch eine fast unbewohnte, karge Landschaft bis zum westlichsten Punkt der ägäischen Küste.

Von Izmir nach Manisa ist es nur ein Katzensprung von 40 Kilometern – lägen nicht die Manisa Dağları, die Manisa-Berge, zwischen den Städten. In schwarze Auspuffwolken gehüllt, quälen sich Lastwagen auf den 695 Meter hohen Sabuncubeli-Paß. Hinter ihm ruht die Provinzhauptstadt wie eine schlafende Schönheit in der fruchtba-

Alte Steinbrücke über den Gediz-Fluß

44 phylos oberhalb von Manisa floh, wurde sie von Zeus in Stein verwandelt. Diese Legende datiert zurück bis lange vor Gründung der Stadt im 12. Jahrhundert v. Chr. durch Soldaten, Magneten aus Thrakien, die nach dem Trojanischen Krieg ein Zuhause suchten.

Am heutigen Aussehen der Stadt hatte allerdings ein anderer Mann großen Anteil: Tarzan. Barfuß und nur mit Shorts bekleidet kannten die Bewohner von Manisa diesen Naturfreund, dem zu seinem 25. Todestag im Mai 1988 ein Denkmal gesetzt wurde. Unermüdlich hatte Tarzan dafür gesorgt, daß die Stadt nach der Brandkatastrophe im griechisch-türkischen Krieg, der alle Bäume zum Opfer gefallen waren, wieder grün wurde. Tag für Tag hatte er Pinien gepflanzt, sie bewässert und gepflegt. 25 Jahre nach seinem Tod beging Manisa am 31. Mai 1988 auch den ersten Umwelttag.

Im Reich von König Krösus: Münzen statt Warentausch

52 Kilometer nordöstlich der Stadt befinden sich im Zentrum von Akhisar Reste von Tyatira, das zur Zeit des römischen Kaisers Caracalla (211 bis 217) eine blühende Stadt war. Sehenswert außer dem nicht sehr attraktiven Ausgrabungsbereich sind das Handwerkerviertel in der Altstadt und vor allem der Wochenmarkt.

»Reich wie ein Krösus«, diese Redensart führt nach Sardes, etwa 90 Kilometer östlich von Izmir kurz vor Salihli. An den Ausläufern der Boz Dağları, einer Berglandschaft, regierte beim heutigen Dorf Sartmustafa von 560 bis 547 v. Chr. der durch seinen Reichtum zur Legende gewordene Lyder-König Krösus. Seinen Wohlstand schöpfte er aus dem Fluß Paktoklos. Das Gold, das dieser mitführte, fingen die Lyder in Schaffellen auf und prägten Münzen aus Elektron, einer Legierung aus Gold und Silber. Mit dem Tauschhandel Ware gegen Ware war es damit vorbei, und auch andere Völker machten bald von dem praktischen, neuen Zahlungsmittel Gebrauch. Amerikanische Archäologen entdeckten die Schmelzöfen und Prägestätten am Paktoklos, dem heutigen Sart. Neben den Münzen wird den Lydern auch die Erfindung des Würfelspiels zugeschrieben.

Etwa 150 Jahre beherrschte dieses Volk

Gasse in der Altstadt von Kula

Der Teppichbrunnen schmückt Kulas Zentrum

Die Festung von Çeşme wurde von Genuesen errichtet

Osmanische Häuser mit eckigen Erkern säumen die engen Gassen von Kula, der Teppichstadt 150 Kilometer östlich von Izmir. Sparsam möbliert sind die Häuser, ihre Einrichtung beruht auf alter nomadischer Tradition.
Im Küstenort Çeşme liegen Alt und Neu dagegen eng beieinander: An der Burg laden hübsche Gassen zum Bummeln ein, und im angrenzenden Ilıca bieten Ferienanlagen allen Komfort – wie das Altınyunus, das sogar einen eigenen Yachthafen besitzt.

Puppen in Çeşmes Museum zeigen die Beschneidungszeremonie

Einfach, aber gepflegt: Zimmer eines Altstadthauses

Çeşme im touristischen Aufschwung: Yachthafen und Hotel Altınyunus

Ein Berg von Arbeit: Fischer in Güzelbahçe

große Teile Westanatoliens. Außer seinem letzten Herrscher, Krösus, der 546 v. Chr. aufgrund eines mißverstandenen Orakels (»Wenn Du den Halis überschreitest, wirst Du ein großes Reich zerstören« – nämlich seines) von den Persern besiegt wurde, gingen zwei weitere Könige in die Sagenwelt ein, die sich um Sardes rankt. Über Gyges (680 bis 652 v. Chr.), den Gründer der Dynastie, verfaßte Christian Friedrich Hebbel ein Drama, und vom König Midas heißt es, daß alles, was er berührte, zu Gold wurde, sogar das Essen in seinem Mund. Erst als sich der Herrscher im Paktoklos wusch, wurde er vom Fluch des Edelmetalls befreit. Der Fluß nahm es auf und lieferte es den Lydern.

Feinste Marmorarbeiten schmücken Sardes' Synagoge

Viel Phantasie bedarf es nicht, sich den ehemaligen Glanz der Stadt vorzustellen. Wie auf einem Tablett präsentieren sich hinter dem Dorf Sartmustafa die fast vollständig restaurierte Fassade des Gymnasiums und die Thermen. Zu diesem Komplex gelangen Besucher über eine byzantinische Ladenstraße, an der auch eine mit feinsten Marmorarbeiten und Mosaikböden ausgestattete Synagoge aus dem 3. Jahrhundert liegt. Sie wurde 1962 freigelegt, danach vorbildlich restauriert und erinnert an über 2000 Juden aus Mesopotanien, die von den Persern angesiedelt wurden.

Eine weitere Attraktion, der Artemis-Tempel, liegt einen Kilometer in Richtung Osten. Er war mit einem Ausmaß von 100 mal 48 Metern einer der größten Kleinasiens. Einige seiner Stützpfeiler stehen noch, darunter zwei über 17 Meter lange Säulen mit ionischen Kapitellen. Winzig nimmt sich daneben die byzantinische Kirche aus, die der Heilige Johannes als Sitz einer der sieben wichtigsten Gemeinden in seiner Offenbarung erwähnte.

Obwohl Sardes so viel Sehenswertes bietet, erhält es selten Besuch. Der Abstecher von der Küste lohnt sich jedoch in jedem Fall. Wer schon einmal dort ist, sollte die Hauptstraße verlassen und in die Boz Dağlar-Berge fahren, so nach Birgi mit schönen altosmanischen Häusern. Oder auch weiter in Richtung Afyon bis zum Teppichstädtchen Kula oder in die Teppichzentren Gördes und Sındırgı.

Industriestadt, gut geeignet als Ausgangspunkt für Ausflüge entlang der agäischen Küste.

Anfahrt: Mit dem PKW sind es von Çanakkale bis Izmir etwa 346 Kilometer, von Istanbul über Bursa und Balikesir rund 560 Kilometer. Die Strecke läßt sich kaum an einem Tag bewältigen. Busse fahren von allen größeren Städten der Türkei nach Izmir. Der Otobüs Gar, der große Busbahnhof, liegt etwas außerhalb vom Zentrum an der Ausfahrt nach Manisa in Alsancak. Busgesellschaften, die im Zentrum (zum Beispiel am Basmane-Bahnhof) Buchungsbüros unterhalten, bieten ihren Kunden einen Pendelservice an. Busse nach Çeşme, Ilica und Şifne starten westlich vom Konak-Platz beim Fahrettin Altay Meydanı.

Der internationale Flughafen von Izmir, Andnan Menderes, liegt 20 Kilometer außerhalb. Zwischen ihm und dem Stadtzentrum besteht ein Pendelverkehr, der sich vor allem nach den Abflugzeiten von Turkish Airlines richtet. Fährschiffverbindungen gibt es nach Istanbul sowie Venedig und Ankona.

Sehenswürdigkeiten: Konak Meydanı, der Konak-Platz mit dem Rathaus, der Schiffsanlegestelle, dem Saat Kulesi (Uhrturm), der 1901 anläßlich des 25. Thronjubiläums Sultan Abdülhamid II. errichtet wurde. Außerdem die kleine, mit schönen Fayencekacheln aus Kütahya verzierte Konak-Moschee von 1754. Auffallend durch seine Architektur ist das Atatürk-Kulturzentrum, dort Ausstellungen, Musik- und Theaterveranstaltungen.

Das Archäologische und das Ethnographische Museum liegen hinter dem Konak-Platz an einem Hang. Im Archäologischen Museum vor allem Skulpturen aus dem ägäischen Bereich. Liebevoll sind im Ethnographischen Museum Erzeugnisse des traditionellen Handwerks, Trachten und Gebrauchsgegenstände aus jüngerer Vergangenheit präsentiert, unter anderem die erste Apotheke Izmirs und Einrichtungen osmanischer Bürgerhäuser. Die Museen sind außer montags täglich von 9 bis 17 Uhr geöffnet.

Zum Pagosberg und Kadifekale gelangt man mit dem Taxi oder dem Linienbus vom Konak-Platz aus. Unterhalb der Burg zahlreiche Teehäuser mit schöner Aussicht. In der Burg viele Kinder, die etwas verkaufen möchten. Tip: bis zur Burg den Bus nehmen und zu Fuß zurückgehen. Die Agora liegt nahe der Anafartalar Caddesi, nicht weit vom Kemeraltı Basarbezirk. Sie ist zwischen 9 und 12 sowie 13.30 und 17.30 Uhr geöffnet.

Unterkunft: Da viele Straßen Izmirs nur eine Nummer, jedoch keine Namen besitzen, ist es manchmal mühsam, eine Adresse zu finden. Das beste Haus Izmirs ist das Büyük Efes Hotel am Gazıosmanpaşa Bulvarı 1. Zentral liegt das Otel Kaya am Gazıosmanpasa Bulvarı 45. Preiswerte Hotels befinden sich rund um den Basmane-Platz; vor dem Buchen unbedingt Zimmer und Duschen ansehen.

Ausgehen: Die renommiertesten und auch teuersten Restaurants – jedenfalls für türkische Verhältnisse – liegen am Kordon, direkt an der Bucht, wie das Deniz-Restaurant mit vorzüglichen Fischspezialitäten. In einem alten levantinischen Haus befindet sich das Yengeç Restaurant am 2. Kordon (Cumhuriyet Bulvarı No. 236). Es bietet eine gute Auswahl ägäischer Spezialitäten. Ebenfalls in einem alten Haus befindet sich die Patisserie Galaxy in einer Nebenstraße der Kıbrıs Şehitleri Caddesi: feinste Erzeugnisse türkischer Backkunst.

Ausflüge: Nach Inciraltı, Izmirs Hausstrand. Nicht sehr gepflegt und an Wochenenden ziemlich voll, doch die vielen kleinen, volkstümlichen Lokale sind einen Stopp wert. Der Strand liegt 12 Kilometer westlich von Izmir. Abzweigung bei Balçova. Von dort führt in öst-

licher Richtung eine Straße zu den Agamemnon-Bädern, antiken Resten römischer Thermen, und dem Kurzentrum Agamemnun Kaplıcaları mit heißen Schwefelquellen am Berg Iki Kardeş. Er wird wegen der beiden Gipfel »Die zwei Brüder« genannt. Nach Kemalpaşa, dort Ruinen eines Palastes.

Information: Turizm Danışma, Gaziosmanpaşa Bulvarı No. 116 (unter dem Büyük Efes Hotel), Tel. (9-51) 14 21 47, 19 92 78.

Çeşme

Das malerische Hafenstädtchen mit der trutzigen, gut erhaltenen Festung ist in den Sommermonaten fest in Touristenhand.

Anfahrt: Çeşme liegt etwa 84 Kilometer westlich von Izmir. Busverbindung nach Izmir, Ilica und Şifne.

Sehenswürdigkeiten: Die im 14. Jahrhundert erbaute Genueser-Festung wurde im 16. Jahrhundert von den Osmanen erweitert. In der Burg gibt es ein kleines Museum mit Funden der antiken Stätten, zum Beispiel aus Erythrai. Der Direktor zeigt Interessenten auch ein per Zufall im Museum gelandetes, zauberhaftes Puppenhaus in seinem Büro.

Westlich der Festung liegt eine Karawanserei aus der Zeit Süleymans des Prächtigen, jetzt mit einem der schönsten Hotels der Umgebung. An der Hauptstraße fallen Häuser im griechischen Stil und eine ehemalige Kirche auf.

Unterkunft: Direkt in Çeşme befindet sich eine Reihe von Hotels und Pensionen, an der Spitze das Kanuni Kervansaray Oteli (in der Karawanserei), Çeşme Kalesi yanı, Tel. 2 64 90. Preiswerter ist die Aslan Pansion, Inkilap Cad. No. 84, Tel. 2 64 81. Im acht Kilometer entfernten Ilica bietet das Golden Dolphin Hotel, Tel. 3 12 50, neben Yachthafen und Wassersportmöglichkeiten auch ein Thermalbad mit Kur- und Fitnesseinrichtungen.

Ausflüge: Zu den Ruinen von Erythrai beim Dorf Ildırı etwa 20 Kilometer nordöstlich. Sehenswert ist vor allem das Theater. Erythrai war die Heimat der sibyllinischen Orakelpriesterinnen.

Zur griechischen Insel Chios. Ab Çeşme-Hafen verkehren die Boote täglich zwischen Juli und September.

Information: Turizm Danışma, Iskele

Säulen von Thyateira im Zentrum von Akhisar

Idylle wie aus dem Bilderbuch: Ortsbild von Deliler

Meydanı (Hafenplatz) No. 8, Tel. (9-549) 2 67 68.

Manisa

Zweitgrößte Stadt der türkischen Ägäis.
Anfahrt: Mehrmals täglich Bahnverbindung mit Izmir; häufige Busverbindung.
Sehenswürdigkeiten: Die Muradiye-Moschee und der Stiftungskomplex in einer Parkanlage, zudem der Moscheegarten mit Reinigungsbrunnen. Der Imam (Vorbeter) führt Besucher herum. Das Manisa-Museum nebenan mit Mosaiken, Statuen, Gefäßen und Schmuck, alles Funde aus der Umgebung. In der ethnologischen Abteilung schöne Textilien und antike Teppiche.
Das Grabmal (Türbe) des Saruhan Bey am Hauptplatz nahe der Muradiye-Moschee. Saruhan Bey eroberte 1313 Manisa und machte es zur Hauptstadt seines Fürstentums. Yedi Kizlar Türbesi, das Grab der sieben Jungfrauen, seit dem 14. Jahrhundert Wallfahrtsort vor allem der Frauen. Es liegt auf dem Weg zur Festung in einer Seitengasse.
Die Sultan- oder Mesir-Moschee an der Izmir Caddesi nahe der Muradiye-Moschee, mit Armenküche, Krankenhaus, Koranschule und Bad. Die Moschee ist eng mit dem jährlich gefeierten Mesir-Fest verbunden. Das Denkmal des Manisa-Tarzanı in der Izmir Caddesi, im Garten des Fremdenverkehrsvereins.
Unterkunft: Manisa besitzt nur wenige Hotels; zu empfehlen ist das Arma Hotel, Doğu Cad. No. 14, Tel. 11980/1 62 97.
Veranstaltungen: Das Mesir-Fest, das jedes Jahr zu einem anderen Zeitpunkt veranstaltet wird. Das Datum richtet sich nach dem alten Mondkalender. Die fünf Tage dauernden Feierlichkeiten sind ausgefüllt mit einer Ausstellung landwirtschaftlicher Produkte sowie mit Folklore-, Musik- und Sportveranstaltungen. Höhepunkt ist das Ausstreuen von Macun, einer Süßigkeit aus 39 Kräutern und anderen Zutaten, die den Körper stärken sollen.
Ausgehen: Im Zentrum schöne alte Kaffeehäuser aus den dreißiger Jahren, leider etwas verwahrlost; das Borsa Kahvesi (Börsen-Café), Borsa Cad. No. 29 mit nostalgischem Charme, außerdem das Aynalı Kahve (Café mit den Spiegeln), Kasaba Cad. No. 36.
Ausflüge: Der Sipylos-Nationalpark (Sipil Dağı Milli Parkı) am Siphilos-Berg (1570 m) mit Wander- und Camping-Möglichkeiten, einem See, Wäldern und reicher Flora und Fauna.
Informationen: Turizm Danışma, Doğu Cad., 8 Eylül Işhani, No. 14/3, Tel. (9-551) 1 25 41).

Sardes

Einstige Hauptstadt der Lyder, restaurierte Ruinen.
Anfahrt: Mit dem Auto von Izmir Richtung Afyon bis Sartmustafa, kurz vor Salihli. Täglich verkehren mehrmals Züge aus Izmir. Günstiger ist die Reise mit dem Linienbus ab Izmir-Busbahnhof. Minibusverbindung nach Salihli.
Sehenswürdigkeiten: Außer Gymnasium und Tempelkomplex ein rekonstruiertes lydisches Haus im Garten des Hauses der Archäologen, direkt am Artemistempel.
Unterkunft: Motel Alpet, an der Tankstelle kurz hinter Salihli bei Taytan Köyü, Tel. (9-6 44) 1 13 13 67.
Ausflüge: In das Städtchen Birgi, zu erreichen über eine Abzweigung drei Kilometer östlich von Sardes in Richtung Salihli. Birgi ist etwa 40 Kilometer entfernt. Die kurvenreiche Straße dorthin führt durch eine herrliche Berglandschaft. Die Stadt ist geprägt von stattlichen Häusern aus dem 18./19. Jahrhundert. Besonders sehenswert ist das Cakırağa Konağı, ein reich mit Malereien und kunstvollen Holzarbeiten geschmücktes Gebäude. Im oberen Ortsteil liegt auf einem Platz eine der ältesten Moscheen der Westküste, die Ulu Cami von 1312/13, außerdem ein Kramladen im ehemaligen Hamam.
Nach Kula, etwa 46 Kilometer in Richtung Afyon: Der Brunnen im Zentrum zeigt einen Kula-Teppich als Mosaik. In der Umgebung werden Teppiche nach alten Vorlagen hergestellt und vertrieben. In der Altstadt malerische Häuser mit vorspringenden Gesimsen, darunter das Geburtshaus des ehemaligen Staatspräsidenten Kenan Evren. Jetzt ein Museum.
Nach Gördes, einer Teppichstadt etwa 85 Kilometer nördlich von Salihli. Über Serpentinen geht es durch eine grandiose Berglandschaft, vorbei am Demirköprü Stausee. Gördes war einst Hochburg der anatolischen Teppichherstellung; der Gördes-Doppelknoten soll hier erfunden worden sein. Das alte Gördes wurde durch Erdbeben zerstört, das neue ist auf einer Anhöhe angesiedelt. Die Stadt ist Umschlagplatz für Teppiche, die auf dem Wochenmarkt am Montag angeboten werden.
In Sındırgı, gut 100 Kilometer nordöstlich von Manisa, werden die berühmten blau-roten Yağcı-Bedir-Teppiche geknüpft, mit naturgefärbter Wolle und in klaren, von fremden Einflüssen weitgehend rein erhaltenen Mustern. Samstags ist Wochen- und Teppichmarkt. Im September veranstaltet Sındırgı einen Wettbewerb, auf dem Teppiche bewertet und die besten Stücke ausgezeichnet werden.

*Nur wenige Städte gestatten einen so lebendigen
Einblick in die Lebensweise der Antike wie Ephesos.
Theater, luxuriöse Badeanlagen und eine
Bibliothek zeugen vom Wohlstand, den die Siedlung
1000 Jahre lang genoß. Intimer wirken Priene und
Milet, das um 600 v. Chr. zu den bedeutendsten
Warenumschlagplätzen der damaligen Welt zählte.*

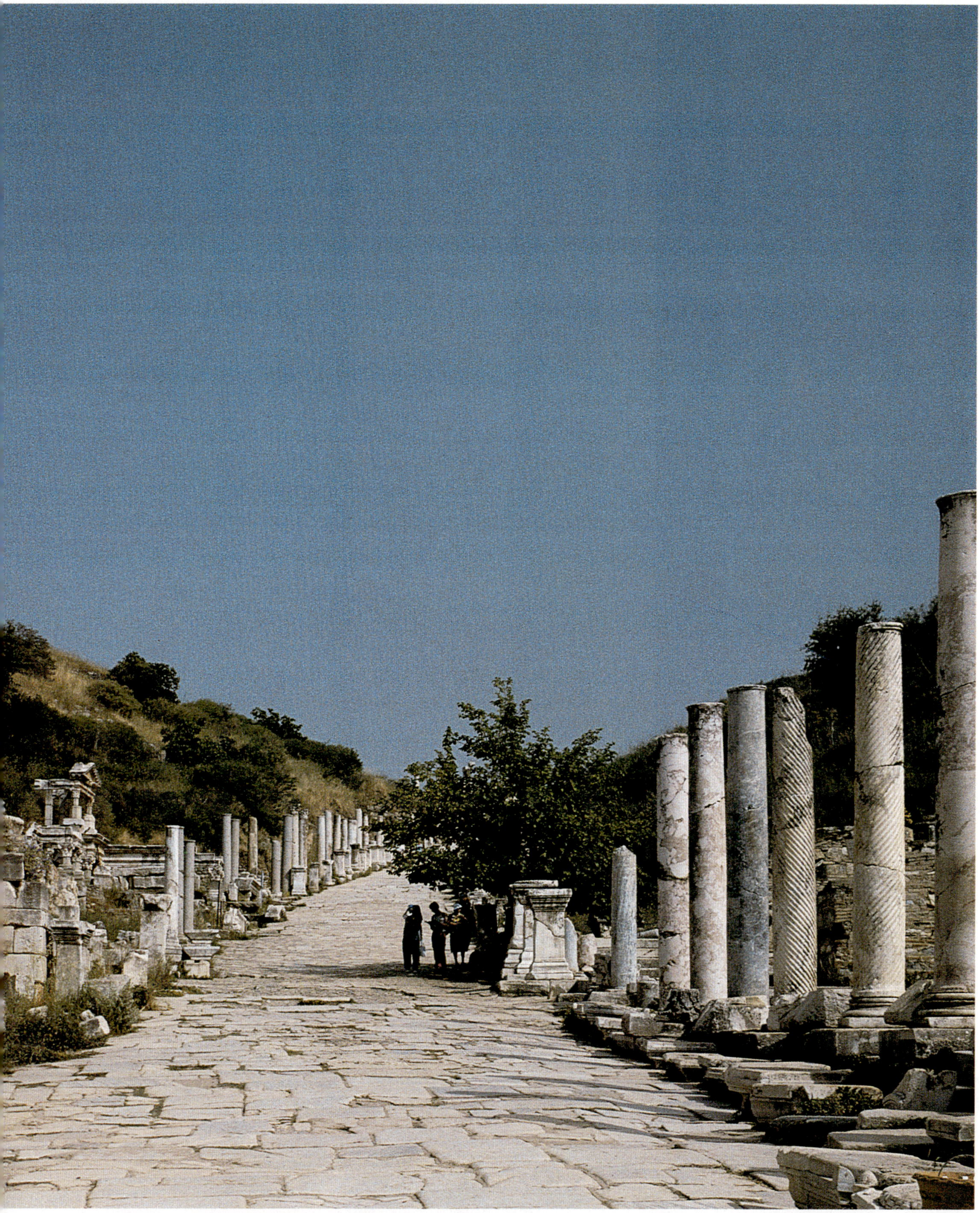

SELÇUK, ÇEŞME

Badefreuden und ein antikes Juwel: Ephesos

50

Der Fang wird in Körben frischgehalten: Hafen von Siğacık

Selçuk: byzantinisch-seldschukische Festung

Storchennest auf einer Säule in Selçuk

Malerische Trümmer: Dionysos-Tempel von Teos

In Siğacık faßt der Tourismus langsam Fuß. Es gibt erst wenige Pensionen, doch sind die Strände rundum ein beliebtes Wochenendziel der Menschen aus Izmir. Kaum Besuch bekommt dagegen das antike Teos.

Das alte Ephesos und das heutige Selçuk gehören zusammen. Oberhalb des Ortes liegen die Zitadelle und einer der ersten großen Kirchenbauten, die Johannes-Basilika mit dem Grab des Evangelisten Johannes. In der Höhle der Siebenschläfer fanden verfolgte Christen Zuflucht. Mutter Maria soll auf dem Nachtigallenberg gelebt haben.

Blick in die Siebenschläfer-Höhle bei Ephesos

Die Çeşme-Halbinsel trennt die nördliche und südliche Ägäis, und es scheint, daß sich auch die Landschaft nach dieser natürlichen Barriere richtet. Bestimmen im Norden Olivenbäume das Bild, dominieren im Süden Baumwoll- und Tabakfelder. Die Ebenen des Küçük Menderes und des Büyük Menderes – Großer und Kleiner Mäander – behalten auch im heißen Sommer ihr saftiges Grün.

Die Flüsse legten Aufstieg und Niedergang antiker Städte fest, von denen es auf einer Küstenlinie von etwa 200 Kilometern zwischen Izmir und Muğla so viele gibt wie in keinem anderen Teil des Landes. An ihrer Spitze steht Ephesos, eine der glanzvollsten Metropolen der Antike. Doch alle Siedlungen fielen mit der Zeit den Launen der sich zwischen Bergketten hindurchschlängelnden Wasserläufe zum Opfer; die angeschwemmte Erde ließ die Häfen von Ephesos, Milet und Herakleia, das am heutigen Bafa-See liegt, verlanden und entzog ihnen die Lebensgrundlage.

Im Löwenhafen von Milet quaken jetzt die Frösche

Wer die Städte besucht, kann sich nur schwer vorstellen, daß sie einst am Meer lagen. So verläuft die Hafenstraße von Ephesos heute etwa fünf Kilometer hinter der Küstenlinie, und ein modriger Tümpel mit Fröschen blieb von der einst so prachtvollen Anlage des Löwenhafens von Milet übrig. Die damals der Stadt vorgelagerte Insel ist jetzt ein grüner Hügel in weiter Landschaft.

Wie in einer Nische versteckt liegt im Südwesten der Çeşme-Halbinsel ein kleiner Fischerort, in den sich nur wenige ausländische Touristen verirren: Sığacık. Die Reste einer Genueser Festung hinter dem Fischereihafen, einige kleine Pensionen direkt im Ort und im südlichen Teil der gleichnamigen Bucht, ferner Teehäuser, Restaurants und am Wochenende Life-Musik und Bauchtanz – das alles hat noch den Charme einer türkischen Sommerfrische.

Hinzu kommen schöne Strände, wie an der Bucht mit türkisfarbenem Wasser etwa drei Kilometer südlich in Richtung Teos. Am Wochenende füllt sie sich mit Ausflüglern aus Izmir; auf dem Picknickplatz unter Pinien dampfen dann die Teekessel. Wer noch ein wenig weiter die Küste entlangfährt, findet auch einsame Plätze. Vielleicht sogar am ehemaligen Hafen des antiken Teos: Auf einem sanften Hügel mit vereinzelten, uralten Olivenbäumen liegen dort die Reste des Dionysos-Tempels. Besucher müssen über herumliegende Säulentrommeln steigen, mit denen das Fundament des Heiligtums übersät ist. Teos erlangte zweifelhafte Berühmtheit durch die Techniten des Dionysos, eine Gilde von ionischen Künstlern und Schauspielern. Die Huldigungen dieser religiösen Vereinigung fahrender Schauspieler und Artisten an den griechischen Gott des Weines nahm offenbar solche Ausmaße an, daß sie mehrmals ihr Domizil wechseln mußten. Trotzdem genossen sie in den Städten Kleinasiens großes Ansehen und zahlreiche Privilegien.

Genau drei Meter mißt der Arm einer Kolossal-Statue des Gottes Apollo, der in seinem Heiligtum in Klaros im 4. Jahrhundert v. Chr. durch seine Priester weissagen ließ. Die Geschichte des Orakelortes wenige Kilometer östlich des Ferienortes Özdere führt jedoch zurück bis in archaische Zeiten. Wollte ein Feldherr den Ausgang einer bevorstehenden Schlacht erfahren oder sich ein Kaufmann über die Entwicklung eines wichtigen Geschäftes vorweg informieren, so pilgerten sie nach Klaros. Die um Rat gefragten Priester zogen sich in das Tempelgewölbe zurück, tranken von der heiligen Quelle und sagten die Zukunft voraus.

Klaros: einst angesehen und reich, heute vergessen

Vergessen liegt Klaros, ehemals reich und in der gesamten antiken Welt angesehen, nun zwischen Äckern und Ödland. Den heiligen Bezirk schützt kein Zaun, kein Wärter führt die Besucher. Verrostete Hinweisschilder, kaum leserlich, liegen verstreut im Gestrüpp. Auf dem Tempelfundament finden sich Bruchstücke der acht Meter hohen Apollostatue sowie Reste zweier Sitzfiguren von Apollos Mutter Leto und seiner Schwester Artemis, die dem Gott zur Seite saßen.

Kaum eine andere Stadt gestattet dagegen einen so lebendigen Einblick in die Lebensweise der Antike wie Ephesos, das 100 Kilometer südlich von Izmir hinter der Küste liegt. Ausgangspunkt

Überreste der Johannes-Basilika

Ephesos: Torbogen in der oberen Agora

Die Kuretenstraße führt von der Oberen Agora zur Bibliothek

Artemis-Statue im Museum von Selçuk

Das Theater stammt aus dem 3. Jahrhundert v. Chr.

Herrscherin von Ephesos war Artemis. Kultstatuen der Fruchtbarkeitsgöttin sind im Museum in Selçuk ausgestellt; ein Besuch ist die beste Einführung für Ephesos. Viele Statuen, die einst die Stadt schmückten, sind in ihm ausgestellt, so der Krieger aus dem Giebel eines Brunnenhauses.

Vogel-Freske aus einem der Hanghäuser

für den Besuch ist Selçuk, eine Kleinstadt in einer von einer Hügelkette begrenzten, fruchtbaren Landschaft.

Niemand weiß genau, wie alt Ephesos ist. Am westlichen Hang des Burgberges befinden sich Reste einer ersten Siedlung der Karer und Leleger, anatolische Völker, die dort vor rund 4000 Jahren der Erd- und Muttergöttin Kybele ein Heiligtum errichteten. Um 1000 v. Chr. ließen sich Ionier aus Griechenland unterhalb des Panayır Dağı nieder. Sie brachten ihre Göttin Artemis mit und verschmolzen ihren Kult mit dem anatolischen.

Artemis-Heiligtum – eines der Sieben Weltwunder

Dank der günstigen Lage in der schützenden Koressos-Bucht, die griechische Inselwelt vor der Tür und das weite Kleinasien im Rücken, war der wirtschaftliche Erfolg von Ephesos vorprogrammiert; die Stadt spielte lange eine bedeutende Rolle im Überseehandel. Dazu besaß sie ihr Artemis-Heiligtum. Der Tempel galt als eines der Sieben Weltwunder. Er diente einst nicht nur religiösen Zeremonien, sondern war

Im Verlauf der Jahrhunderte erlebte Ephesos mehrere Umsiedlungen. Den Anfang machte der Lyderkönig Krösus, der die Stadt 550 v. Chr. erobert hatte; er zwang die Bewohner zum Umzug auf die Ebene beim Artemistempel. Nach den Persern und Spartanern eroberte sie Alexander der Große. Kurz zuvor hatte ein gewisser Herostratos den Tempel im Jahr 356 v. Chr. angezündet. Als Alexander anbot, den Wiederaufbau zu übernehmen, lehnten die stolzen Ephesier dies ab und stellten ihren Tempel selbst wieder her.

269 v. Chr. ordnete der Nachfolger Alexanders, Lysimachos, eine erneute Umsiedlung der Stadt zu den westlichen Hängen des Panayır-Berges an und ließ sie von einer sechs Meter hohen Mauer umgeben. Rund 200 000 Menschen sollen damals in Ephesos gelebt haben. Ab 188 v. Chr. gehörte die Stadt dem Pergamenischen Reich an und wurde 29 v. Chr. von den Römern zur Hauptstadt ihrer Provinz Asia ernannt.

Eine zweite Blütezeit begann, aus der die meisten ausgegrabenen Bauwerke stammen. Als der Hafen immer mehr verlandete und die Malaria zunahm, entstand ab dem 4. Jahrhundert n. Chr. auf dem Ayasoluk-Hügel das byzantinische Ephesos mit einer der größten Kirchenbauten Kleinasiens, der Johannes-Basilika. Doch die Blütezeit war vorbei. Araberüberfälle, Seldschuken und Kreuzritter sorgten mit für den Niedergang der Stadt, deren kulturelles und wirtschaftliches Leben nur unter den Emiren von Aydın im Mittelalter noch einmal kurz aufflackerte. Dann versank Ephesos in Bedeutungslosigkeit.

Ephesos: Boulevards, Boutiquen und Badeanlagen

Im Jahr 1896 begann das Österreichische Archäologische Institut damit, die Trümmer der Stadt freizulegen. Was die Wissenschaftler fanden, erstaunt die Nachwelt: Hunderte von Geschäften und Boutiquen, luxuriöse Badeanlagen, Fitneßräume und Schönheitssalons, in denen sich die Bevölkerung tummelte, ferner Prunksäle für festliche Veranstaltungen und prachtvolle Boulevards. Nachts beleuchteten viele Laternen die Straßen. Eine stattliche Bibliothek und ein Theater für 24 000 Zuschauer waren Mittelpunkte des kul-

Die Celsus-Bibliothek

Ruhender Krieger mit Besuchern im Museum

eine der größten Banken Kleinasiens, die auch Kredite vergab. Bei allem Wohlstand äußerte der 540 v. Chr. in Ephesos geborene griechische Philosoph Heraklid, Sohn eines Priesterfürsten, jedoch wenig Schmeichelhaftes über seine Landsleute: »Möget ihr nie euren Reichtum verlieren, Ephesier, daß nicht sichtbar wird, wie verkommen ihr seid«, schrieb er.

54 turellen Lebens, und es gab ein Viertel mit Freudenhaus und Kneipen. Die freigelegten Hanghäuser weisen durch ihre Größe und Ausstattung auf gehobenen Wohnkomfort hin. Auf den gut erhaltenen Gemeinschaftslatrinen aus Marmor lassen sich Touristen heute gern für ein Erinnerungsfoto ablichten.

Kuşadası kennt jeder, der einmal auf einem Kreuzfahrtschiff im östlichen Mittelmeer unterwegs war. Obwohl das Städtchen keineswegs zu den Schönheiten der Ägäis zählt, legen hier jährlich rund 600 Passagierschiffe an. Eine Bucht mit einer kleinen Halbinsel und

Das hübsch gelegene Kuşadası wird gern von Kreuzfahrtschiffen angelaufen

Ehrensitz im Theater von Priene

einem Kastell, eine Karawanserei aus osmanischer Zeit, die jetzt ein Hotel beherbergt, das sind alle Sehenswürdigkeiten. Doch der Landgang der »Kreuzfahrer« gilt den umliegenden Perlen der Antike: Ephesos, Priene, Milet und Didyma. Meistens werden sie im Eiltempo abgehakt, und häufig ist in die Ausflüge geschickt ein Abstecher in ein sogenanntes Teppichdorf eingebaut, in eine nachgestellte Dorfidylle. Sie soll den Touristen das Gefühl vermitteln, ein Stück echtes Anatolien zu erleben und schafft die passende Kulisse für gute Geschäfte mit Lederkleidung und Teppichen.

Obwohl es an Stränden mangelt, hat sich Kuşadası zu einem der Urlaubszentren an der südlichen Ägäis entwickelt, in dem Gästen viele Sport- und

Trümmer des Athena-Heiligtums in Priene

Kuşadası hat sich zu einem der touristischen Zentren an der türkischen Ägäis entwickelt. Die Stadt gruppiert sich um ihren malerischen Hafen mit der kleinen Kuşadası, der Vogelinsel; sie verlieh dem Ferienort seinen Namen.

Einkaufsstraße in Kuşadası

Vergnügungsmöglichkeiten geboten werden. Der Wildwuchs von Hotels und Pensionen ist jetzt vom türkischen Ministerium für Tourismus gestoppt worden. Wer aus südöstlicher Richtung kommt, nimmt jedoch als erstes die Bauruinen wahr. Wie es heißt, sollen sie in Pensionen und Ferienwohnungen für türkische Familien umgewandelt werden.

Südwestlich von Kuşadası liegt gegenüber der griechischen Insel Samos die Halbinsel Dilek Yarımadası mit dem Samsundağı-Nationalpark. Dort befinden sich auch die Dilek- (oder Samsun-)

Strand des Dilek Milli Parkı bei Kuşadası

Berge, ein bis etwa 1250 Meter hohes, wild zerklüftetes Gebirge. Die Wasserstraße zwischen der Halbinsel und Samos ist an ihrer schmalsten Stelle nur 1,7 Kilometer breit, und die Insel scheint, vor allem an klaren Tagen, zum Greifen nah.

Zerzauste Schwarzkiefern neben uralten Platanen

An der Küste erstreckt sich ein beliebter Ausflugs- und Badeabschnitt: der Kalamaki-Strand. Er ist im Sommer sehr belebt. Der Samsundağı-Nationalpark ist dagegen noch ein Stück schöne Natur in der Umgebung des bereits stark ramponierten Kuşadası, ein Paradies auch zum Wandern. Er steht seit 1966 unter Schutz.

Restaurant im Hof der Oküz Mehmet Paşa Karawanserei in Kuşadası

Der Teekessel dampft: Picknick im Dilek Milli Parkı

In den höheren Lagen des Parks dominiert die zerzaust aussehende Schwarzkiefer, in den Taleinschnitten sind uralte Platanen zu Hause. Zahlreiche wilde Orchideenarten und Alpenveilchen sprießen im Frühjahr und Frühsommer. Adler, Falken, Felshörnchen, Dachse, Wildschweine und wilde Pferde leben dort. Doch Spuren des kleinasiatischen Leoparden, von dem immer noch erzählt wird, wurden seit Jahren nicht mehr gefunden.

Wie aus einer Theaterloge überblicken Besucher vom Athena-Tempel in Priene das sich zu ihren Füßen ausbreitende

Mittagspause: Landarbeiter bei Milet

Der Flußgott Mäander ruht in den Faustina-Thermen

Ilyas Bey Camii am Eingang des alten Milet

Tal des Großen Mäanders. Bis zu 130 Meter hoch liegt die im 4. Jahrhundert v. Chr. erbaute Stadt am südöstlichen Hang der Dilek-Berge im Rücken des Samsundağı-Nationalparks. Zu Recht rühmt sich Priene, die schönstgelegene Stadt an der südlichen Ägäis zu sein. Interessant ist ihre Anlage durch das schachbrettartige Straßenmuster, das sich Hippodamos von Milet ausgedacht haben soll (hippodamisches Muster). Die in Nord-Süd-Richtung verlaufenden Querstraßen wurden wegen der Hanglage der Stadt häufig als Treppenwege angelegt. Überragt wird Priene

Wie viele andere antike Städte fiel auch Milet der Versandung seiner Häfen zum Opfer. Durch Verlagerung der Küstenlinie – hervorgerufen durch den Schlamm des Flusses Mäander – verlor die ab dem 8. Jahrhundert v. Chr. blühende Stadt an Bedeutung. Heute liegt sie auf halbem Wege zwischen Mittelmeer und Bafa-See. Gut erhaltene Ruinen zeugen vom einstigen Reichtum der Stadt, ein Theater für 15 000 Menschen, das Gymnasion, Reste des Nordmarktes mit ihn umgebenden Säulen und die Tempel.

Das Theater von Milet, im 2. Jahrhundert für 15 000 Menschen gebaut

Durch die Torbögen führte der Weg in die Warmbäder der Thermen

von den Säulen des Athena-Tempels, den Alexander der Große der Stadt stiftete.

Priene: Landschildkröten erklimmen die antiken Stufen

Anders als ihre großen Schwestern Milet und Ephesos wirkt Priene intimer, wie eine kleine, geschlossene Welt, eingebettet in Grün. Landschildkröten kreuzen häufig die Wege und erklimmen schwerfällig die antiken Stufen, Schmetterlinge taumeln über Stein-

Gewölbegang des Theaters von Milet

blöcke und Macchiagestrüpp, und das rhythmische Zirpen der Zikaden liefert die Musik dazu.

»Es war einmal ein ganz, ganz reicher König, der baute seiner Königin ein ganz, ganz großes, schönes Badezimmer«, erzählt fröhlich eine etwa achtjährige kleine Türkin, die in Milet zufällig zur Fremdenführerin wird, eine Besucherin an der Hand nimmt und durch die Thermen der Faustina begleitet. Das »Badezimmer« ist in der Tat gigantisch. Es stammt aus der zweiten Hälfte des 2. Jahrhunderts n. Chr. und wurde im Auftrag von Marc Aurel für seine Gattin Faustina gebaut, die ihn auf seinen Staatsreisen stets begleitete. Heute werden die Reste der wuchtigen Badeanlage von der Statue des Flußgottes Mäander bewacht.

Riesig ist auch das Theater mit seinen

58 unter den Sitzreihen liegenden, gewölbeartigen Zugängen. Von ihm aus fällt der Blick über die fruchtbare Mäanderebene mit einem Hügel, um den 494 v. Chr. eine Seeschlacht zwischen Griechen und Persern brandete, als er noch eine Insel war. Mit der Niederlage der Griechen wurde auch Milet zerstört.

Milet: antike Handels- und Kolonialmacht

Rund 200 Jahre hatte seine Blütezeit gedauert, seine Häfen zählten zu den größten Warenumschlagplätzen der damaligen Welt. Die Mileter handelten mit Möbeln und Purpurstoffen. Vor allem aber gründeten sie Kolonien, insgesamt 90 im Bereich des Mittel- und Schwarzen Meeres. Die Stadt brachte auch eine Reihe berühmter Philosophen und Naturwissenschaftler hervor, wie Thales – aus dem Mathematikunterricht kennt ihn jeder –, Anaximenes, der die Luft als Urstoff der Welt ansah, Anaximander, der das Unendliche erkannte, und Hekataios, den Geographen.

Von Milet zum Heiligtum des Apollo Didyma führte in der Antike eine 16 Kilometer lange, von Statuen gesäumte heilige Straße. Noch sind die Archäologen dabei, sie freizulegen. Didyma, die Stätte eines heiligen Orakels, war in der Antike fast ebenso berühmt wie Delphi auf dem griechischen Festland. Die Branchiden, eine einflußreiche Priesterkaste, hütete den heiligen Bezirk ab dem 6. Jahrhundert v. Chr., doch schon lange vorher verehrten Ureinwohner hier kleinasiatische Gottheiten. Gigantische Säulen markieren heute den Tempel, den Ort des Orakels.

650 Jahre gebaut und nie vollendet: Milets Tempel

Abweisend, mit leeren Augen, zeigt sich Medusa auf einem Fries. Niemand erschrickt oder erstarrt mehr bei ihrem Anblick, und die Fotoapparate klicken unaufhörlich. Der Tempel in seiner jetzt erkennbaren Form entstand erst nach der Zerstörung durch die Perser 494 v. Chr., als auch Milet fiel. Er soll alles zuvor Dagewesene in den Schatten gestellt haben und so gigantisch konzipiert worden sein, daß er nie fertig wurde. Nach 650 Jahren Bauzeit gab man ihn schließlich auf.

Abgebrochene Säulen erinnern an den Apollon-Tempel in Didyma

Reliefs schmücken die Säulenbasen im Apollon-Tempel

Die Medusa vom Giebelfries ist eines der bedeutendsten erhaltenen Reliefs

Sığacık

Wer nicht im lauten Izmir und im Touristenzentrum Çeşme übernachten will, findet in diesem kleinen Hafenort eine Alternative.

Anfahrt: Mit dem Auto von Izmir insgesamt 52 Kilometer in Richtung Çeşme, dann über Seferhisar. Busverbindung.

Unterkunft: Die Burg-Pension am Hafen ist sauber und preiswert. In der nahen Bucht von Akkum das Kukçukakkum Moteli.

Ausflüge: Nach Teos, der antiken Stadt, mit einem Dionysostempel und anderen antiken Ruinen in malerischer Landschaft. Von Sığacık dorthin sind es etwa drei Kilometer. Wer weiter entlang der Küste in Richtung Kuşadası fährt, passiert die Strände von Doğanbey, Gümüldür und Özdere und erreicht nach 45 Kilometern das antike Klaros.

Ephesos

Die zu großen Teilen freigelegte Stadt Ephesos nahe dem Ort Selçuk ist die attraktivste antike Ausgrabungsstätte der Türkei. Ein weiterer Grund, ihr mindestens ein paar Stunden zu widmen, sind die Sehenswürdigkeiten aus byzantinischer Zeit und das Museum. Dieses sollte man zur Einstimmung als erstes besuchen.

Anfahrt: Aus allen Ecken der Westküste ist Selçuk/Ephesos mit Linienbussen oder mit dem Auto leicht zu erreichen. Es liegt an der Staatsstraße 550 südlich von Izmir.

Sehenswürdigkeiten: Man kann den Rundgang durch Ephesos oberhalb oder unterhalb der antiken Stadt beginnen. Den unteren Eingang erreicht man nach etwa zwei Kilometern über die Straße Selçuk-Kuşadası und biegt beim Hotel Efes Tusan ab. Der zweite Eingang liegt an der Straße, die zum Haus der Maria (Meryem Ana) führt und ist ebenfalls zwei Kilometer von Selçuk entfernt.

Im unteren Stadtteil lagen einst der Hafen und der Artemistempel, von dem nur noch eine einsame Säule steht. Der Rundgang führt zunächst am Stadion vorbei, an dessen Hufeisenkrümmung ein Gladiatorenkampfplatz liegt. Es folgen ein byzantinischer Palast und das Wärterhaus mit dem offiziellen Eingang. Rechts davon ist die Mariendoppel- oder Konzilskirche zu sehen, eine

Basilika, die in zwei Kirchen umgewandelt wurde. Von der seitlich liegenden Taufkapelle sind noch Taufbecken und Stufen zum Durchschreiten erhalten. Durch die Verulanushallen, einem Gymnasium und die Hafenthermen gelangt man zur Arkadiane, einer um 400 n. Chr. erbauten Prachtstraße zu Ehren des Kaisers Arkadius. Sie führt vom Hafen zum Theater, ist einen halben Kilometer lang, elf Meter breit und mit Marmorplatten ausgelegt. 50 Straßenlaternen beleuchteten sie abends. Hohe Mieten mußten dort gezahlt werden, Neuigkeiten und Warenangebote wurden auf der Straße ausgerufen.

Es folgt das Theatergymnasium, eines von insgesamt vier dieser Stadt, dann das Theater. Eingebettet in den Westhang des Panayır Dağı, bot es 24 000 Zuschauern Platz. Es war auch Schauplatz der Demonstration gegen den Apostel Paulus, der die Devotionalienhändler des Artemistempels abkanzelte. Von den oberen Rängen der 66 Sitzreihen ist der Blick auf die Arkadiane bis zum versandeten Hafen großartig.

Der Stadtrundgang setzt sich zur unteren Agora, dem Marktplatz, fort, der von Säulenhallen und weiteren Läden umgeben ist. Westlich davon schließt sich der Serapis-Tempel an. Durch das reich dekorierte Tor der Agora, von den beiden freigelassenen Sklaven Mazeus und Mithridates erbaut und nach ihnen benannt, erreicht man den Vorhof der Celsus Bibliothek. Sie hat eine dreigeschossige Prachtfassade, die Archäologen aus 700 Trümmerstücken wieder zusammensetzten. Die Bibliothek wurde 135 n. Chr. im Andenken an den ehe-

Auf einstigen Latrinen thronen jetzt Touristen

maligen Statthalter der Provinz Asia, Celsus, erbaut. Sein Grab liegt in der Bibliothek. In ihren Nischen waren 12 000 Manuskripte untergebracht.

Auf der sogenannten Marmorstraße zeigt ein Fußabdruck im Marmor den Weg ins Freudenhaus. Die Kuretenstraße führt zur Oberen Agora, dem Staatsmarkt. Sie wurde nach den Kureten benannt, Priesterinnen, die das heilige Feuer der Göttin Hestia im Prytaneion, einem Verwaltungspalast, hüteten. An dieser Straße liegt auch der kleine Hadrianstempel, in der Seitengasse befinden sich die Latrinen.

Oberhalb der Kuretenstraße erstrecken sich die römischen Wohnhäuser mit herrlichen Fresken, Mosaiken sowie Innenhöfen. Vorbei am Tempel des Kaisers Domitian, einer Toranlage mit Hermes, dem Gott der Diebe und Kaufleute, und einer dreischiffigen Basilika für Versammlungen gelangt man zum Variusbad und verläßt hier die Ausgrabungsstätte.

Unterkunft: In Selçuk zahlreiche preisgünstige Hotels und Pensionen. In der Nähe des unteren Eingangs von Ephesos liegt direkt an der (etwas lauten) Straße nach Kuşadası das Tusan Efes Hotel mit angeschlossenem Campingplatz.

Veranstaltungen: Mitte Januar werden in Selçuk Kamelkämpfe abgehalten. Im Juni/Juli im Theater von Ephesos das »Ephesos Festival« mit Konzerten klassischer Musik, Jazz, Ballett und Folklore.

Ausflüge: Die Johannes-Basilika und die Zitadelle liegen direkt bei Selçuk (ausgeschildert). Kaiser Justinian (527 bis 565 n. Chr.) ließ sie über dem Grab des Evangelisten Johannes erbauen. Von einem Parkplatz aus betritt man die Anlage durch das sogenannte »Tor der Verfolgung«, einen Torbogen zwischen zwei quadratischen Türmen. Die einst riesige Basilika wurde teilweise restauriert. Vor der Apsis befindet sich in einer Krypta das angebliche Grab des Heiligen Johannes. Oberhalb der Basilika ist die Zitadelle aus byzantinischer Zeit mit gut erhaltenem Mauerkranz und einer kleinen Moschee im Innenhof zu sehen. Unterhalb liegt die Isa Bey Moschee; sie wurde 1375 von Isa Bey aus der Dynastie Aydınoğulları erbaut. Auf dem Aquädukt an der Auffahrt zur Johannes-Basilika aus byzantinischer Zeit haben Störche ihre Nester gebaut.

Die Festungsinsel liegt vor Kuşadası im Meer

Das Wohn- und Sterbehaus der Maria, die hier die letzten Jahre ihres Lebens verbracht haben soll, erreicht man von Ephesos nach insgesamt etwa zehn Kilometern, wenn man in Richtung Aydın nach zwei Kilometern nach Meryem Ana abzweigt. Das kleine, steinerne Haus mit einem Gebetsraum und der Figur der Gottesmutter ist eine von Christen und Moslems gleichermaßen besuchte Pilgerstätte. Unter Platanen liegt am Vorplatz eine angeblich wundertätige Quelle. An Mariä Himmelfahrt wird am Haus der Maria eine Messe abgehalten.

Die Höhle der Siebenschläfer liegt etwa eineinhalb Kilometer vom Stadion in Ephesos entfernt im leicht hügeligen Gelände. Das Gewölbe und ein überbauter Felsspalt beherbergen Grabnischen der sieben Jünglinge, die sich nach einer Legende vor der Christenverfolgung dort versteckten und in einen 200 Jahre währenden Schlaf versanken. Als sie erwachten, war das Christentum Staatsreligion geworden.

Auskunft: Turizm Danışma befindet sich gegenüber dem Museum, Efes Müzesi karşışı No. 23, Tel. (9-54 51) 13 26.

Kuşadası

Anfahrt: Von Izmir in Richtung Selçuk und von dort zur Küste; insgesamt 113 Kilometer. Regelmäßige Busverbindungen von Izmir.
Sehenswürdigkeiten: Die Öküz Mehmet Paşa Karawanserei mit einem Hotel kann auch von Nicht-Gästen besichtigt werden. Die Taubeninsel, nach der Kuşadası (kuş = Vogel, ada = Insel) benannt ist; man erreicht sie zu Fuß über

den schmalen Damm. An den Ruinen der byzantinischen Festung liegen kleine Cafés.
Unterkunft: Hotels und Pensionen aller Preisklassen.
Strände: Der Kadınlar-Strand etwa zwei Kilometer südlich vom Hafen; der Tusanstrand fünf Kilometer nördlich (mit Dolmuş erreichbar); der Pamucak-Strand etwa acht Kilometer nördlich (Dolmuş).
Ausflüge: Zu den antiken Städten Ephesos, Milet, Priene, Dydima sowie Magnesia am Mäander, organisierte Fahrten oder mit dem Dolmuş (Ephesos, Dydima) zum etwa 28 Kilometer entfernten Nationalpark Dilek Yarımadası. Zum 45 Kilometer entfernten Bafa-See. Zur Insel Samos täglich.
Ausgehen: Rund um den Hafen pulsiert das Leben; Discos in allen größeren Hotels, Ferienclubs und auf der Vogelinsel. Viele Restaurants.

Sport: Viele Wassersportmöglichkeiten bei großen Hotels und Ferienclubs. Tauchen im Barakuda Club, Kadınlar Plajı, Balcı Pansiyon, Tel. (9-6 36) 1 14 10
Auskunft: Turizm Danışma, Iskele Meydanı (am Hafenplatz), Tel. (9-6 36) 111 03.

Dydima

Anfahrt: Den Tempel erreicht man von Izmir Richtung Milas. Abzweigung von der Durchgangsstraße 525 beim Bafa-See. Entfernung von Izmir gut 170 Kilometer.
Unterkunft: In Sichtweite des Tempels die Pension Medusas Haus, hübsch und sauber, Gemeinschaftsduschen und -toiletten. Am Altınkum-Strand Hotels und Pensionen aller Kategorien. Der Strand ist nicht mehr sehr sauber, der Ort laut und ohne besonderen Charakter.

Magnesia am Mäander

Anfahrt: 18 Kilometer südöstlich von Selçuk/Ephesos, an der Straße nach Priene.
Sehenswürdigkeiten: In Magnesia wurde 522 v. Chr. Polykrates, der Herrscher von Samos, ermordet (s. Schiller, »Der Ring des Polykrates«). Bedeutung hatte das Artemisheiligtum, das heute ziemlich abgeräumt ist. Bedeutende Funde sind in Istanbul und im Pergamon-Museum in Berlin zu sehen. Schön liegt das Theater, das man nach zehnminütigem Fußweg erreicht.

Relief der Nike in Ephesos

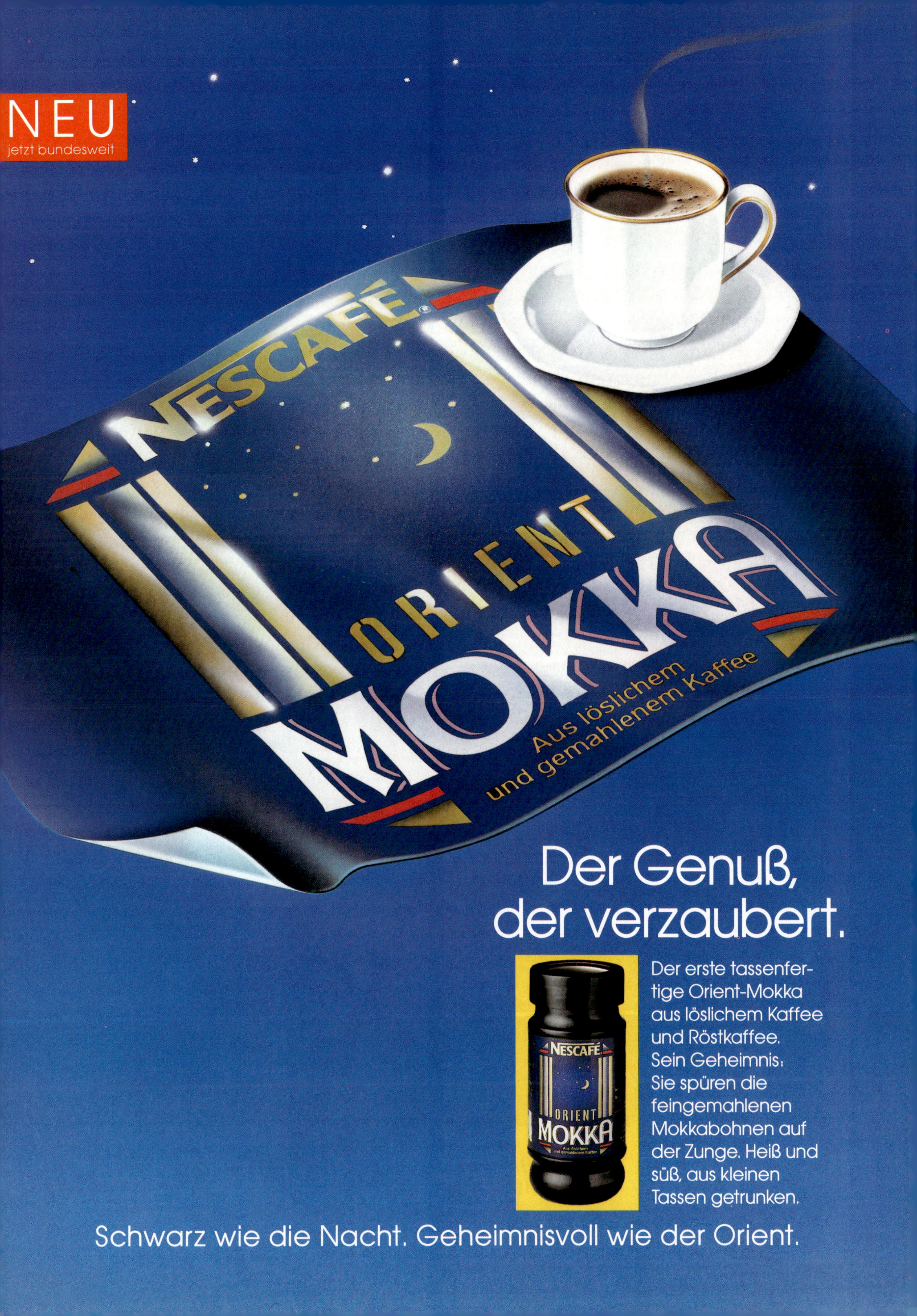

NEU
jetzt bundesweit
NESCAFÉ
ORIENT
MOKKA
Aus löslichem und gemahlenem Kaffee
Der Genuß, der verzaubert.
Der erste tassenfertige Orient-Mokka aus löslichem Kaffee und Röstkaffee. Sein Geheimnis: Sie spüren die feingemahlenen Mokkabohnen auf der Zunge. Heiß und süß, aus kleinen Tassen getrunken.
NESCAFÉ
ORIENT
MOKKA
Schwarz wie die Nacht. Geheimnisvoll wie der Orient.

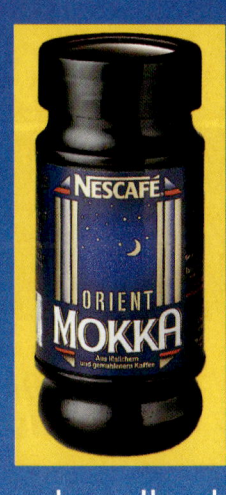

Aus winkligen Gassen in die Laser-Disco

*Einer der beliebtesten Urlaubsorte der Türkei
ist Bodrum. Die reizvoll gelegene Stadt am südwestlichen
Zipfel des Landes bietet jegliche touristische
Infrastruktur. Überragt wird sie vom Johanniter-
Kastell (kleines Bild), einem Wehrbau aus dem
Jahr 1402. Im Gegensatz zu Bodrum scheint in der
Kleinstadt Milas die Zeit stehengeblieben zu sein.*

Kapıktrı, ein Dorf über dem Bafa-See

Das Gümüşkesen Mausoleum in Milas

Zwiebeln und anderes Gemüse bieten diese Frauen in Milas an

Über dem Bafa-See: Ruinen des Athena-Tempels in Herakleia

Reste des Zeus-Tempels in Euromos

Am Bafa-See, der in alter Zeit eine Meeresbucht war, liegen im Dorf Kapıkırı die Ruinen der karischen Stadt Herakleia. Im landschaftlich wunderschönen Hinterland macht mit wenigen Gebäuderesten aus der Zeit des römischen Kaisers Hadrian auch Euromos direkt an der Straße nach Milas auf sich aufmerksam. Einen Besuch wert ist der Wochenmarkt im alten Mylasa.

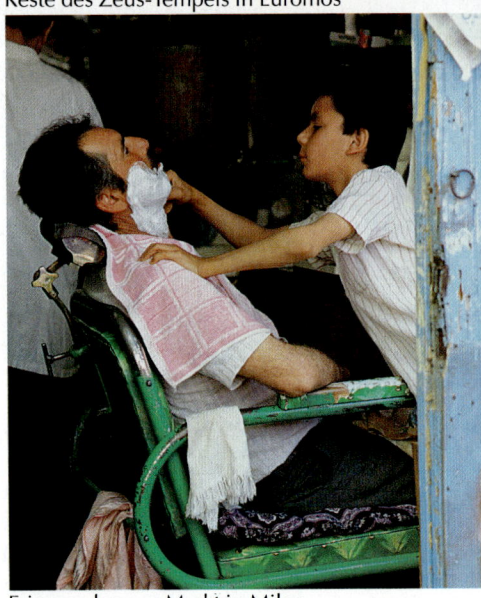

Friseursalon am Markt in Milas

Wie eine Schüssel liegt der Bafa-See zwischen den Bergen. Olivenhaine und Macchia-Büsche ziehen sich hinunter bis zum Wasser. Wer Kuşadası und die dicht besiedelte ägäische Küste hinter sich gelassen hat, findet um den See ein landschaftliches Paradies, in das der Tourismus erst zaghaft seine Schritte setzt. Unterhalb der Straße liegen am Westufer nur ein paar Campingplätze und eine Ferienanlage.

Bafa-See: einst Meerbusen, heute ein Binnengewässer

In der Antike war der Bafa-See noch der Latmische Meerbusen. Durch das Abholzen der Berge und die damit verbundene Erosion schwemmte der Büyük Menderes Erde und Geröll an und trennte so die Bucht vom Meer. Am Nordufer des Sees erhebt sich das Latmos-Gebirge, das wegen seiner eigenartig ausgefransten Gipfel von den Türken Beşparmak Dağları, Fünffingergebirge, genannt wird. In byzantinischer Zeit lebten in seinen zahlreichen Höhlen fromme Einsiedler. Ihre Behausungen schmückten sie mit Wandmalereien, die man heute noch sehen kann. Auch auf den vier Inseln im See befin-

den sich Reste klösterlicher Siedlungen. Am Ufer unterhalb des Latmos-Gebirges erhebt sich die Stadtmauer der antiken karischen Stadt Herakleia, vom Perser Satrap Mausolos im 3. Jahrhundert v. Chr. im Norden seines Reiches zur Grenzbefestigung ausgebaut.

Das Latmos-Gebirge ist auch der Ort der Endymion-Sage. Danach gab Zeus dem König von Elis, Endymion, die einzigartige Gelegenheit, über sein Schicksal zu entscheiden. Endymion beschloß, für immer zu schlafen, ohne zu altern. In einem teilweise in Fels gehauenen Grab auf dem Berg Latmos soll er seinen Ruheplatz gefunden haben.

Der 15 Kilometer lange und halb so breite Bafa-See ist auch ein Naturreservat mit seltenen Vögeln, Wassertieren und Pflanzen. Allein 256 Vogelarten wurden bisher gezählt, unter ihnen zahlreiche Seidenreiher, die dort in Kolonien brüten. In der Abenddämmerung fallen in den seichten Uferzonen zudem viele Pelikane auf.

Wenige Kilometer von der Kreisstadt Milas liegt an der Straße zwischen Bäumen der Zeustempel von Euromos, der zu den besterhaltenen Sakralbauten des Landes zählt. Die Hälfte der einst 32 korinthischen Säulen steht noch. Sie wurden im 2. Jahrhundert n. Chr. offenbar von Privatleuten gestiftet, die ihre Namen darauf verewigten. Der Tempel stammt aus römischer Zeit und war dem Zeus Lepsynos geweiht. Über die Stadt Euromos, zu der das Heiligtum gehörte, weiß man dagegen wenig; sie liegt zum größten Teil unter Olivenbäumen und Macchia-Gestrüpp verborgen. Archäologen der Universität Ankara bemühen sich, sie auszugraben. Im nördlichen Bereich sind ein Theater, eine Agora und Gräber zu entdecken.

Plauderstunde beim Tee im Schatten uralter Ruinen

Eine sehenswerte karische Stadt liegt in der Güllük Körfezi, der Bucht von Güllük, einem Segelparadies. Von Milas aus läßt sie sich nach kurzer Fahrt durch das Küstengebirge erreichen, von Güllük fahren auch Boote dorthin. Iasos wurde im 9. Jahrhundert v. Chr. zuerst von Griechenland, später von Milas aus besiedelt und galt als wohlhabend, vor allem in römischer Zeit. Sie besaß ein Steueramt, was vermuten läßt, daß die Stadt von den Abgaben der Provinz

reideernte: Bäuerinnen am Bafa-See

Asia profitierte. Die meisten Ruinen befinden sich auf der vorgelagerten Halbinsel: der von Säulen umgebene Marktplatz, die Agora, das alte Rathaus mit Sitzbänken aus Marmor, Teile der Stadtmauer, die die Halbinsel einfaßte, zudem Gräber, Reste der Wohnhäuser und des antiken Theaters. Überragt wird die Anlage von einem mittelalterlichen Kastell. Am alten Hafen liegt heute das türkische Dorf Kuren, das sich langsam zum Ferienort entwickelt. Doch noch laufen dort die Hühner ungehindert über die schmalen Straßen. Hoch im Gebirge versteckt sich Labran-

Auf einer Werft von Gülluk

Kastell St. Peter, 1402 von Johannitern gebaut

da mit dem Heiligtum des karischen Zeus. Von Milas aus windet sich eine kurvenreiche, schmale Straße durch die schöne Landschaft, auf dem Weg offenbaren sich immer wieder herrliche Ausblicke. Die Ruinen verteilen sich auf mehreren Terrassen, zwischen Säulenstümpfen und Kapitellen grasen die Haustiere des Wärters und seiner Familie. Wahrzeichen der seit dem 6. Jahrhundert v. Chr. bestehenden Anlage ist die Labrys, die Doppelaxt, die man bei allen karischen Stätten eingemeißelt findet. Die meisten Bauten stammen aus der Zeit des Mansolos, des Statthalters von Karien: eine imposante, 12 Meter breite Freitreppe, drei sogenannte Männerhäuser für Versammlungen, ein Brunnenhaus, Propyläen und zwei Grä-

Nur wenige, beschriftete Reste erinnern an das Mausoleum in Bodrum

Bodrum galt lange als bevorzugter Ferienort der Reichen und Prominenten. Immer mehr wird die Stadt der weißen Häuser aber zum Urlaubsziel der Massen. Doch im Hafenbild fallen nach wie vor die schicken Yachten auf, die von Bodrum aus durch die zauberhafte Welt der vorgelagerten Inseln und Buchten kreuzen. In Bodrum, das in der Antike Halikarnassos hieß, lebte um 350 v. Chr. der Satrap Mausolos. Sein Grab, das Mausoleum, wurde zum Inbegriff der Grabbaukunst.

Vom Johanniter-Kastell läßt sich die Stadt überblicken

Glücksbringer

Im Yachthafen von Bodrum

ber oberhalb des Heiligtums. Unter einer uralten Pinie an der Straße gibt es Erfrischungen und Tee; zu den seltenen Besuchern gesellen sich dort gern Einheimische, die während des Sommers mit ihren Familien und Tieren in den Bergen leben und einem Schwätzchen nicht abgeneigt sind.

Altstädte wie Milas gibt es wenige an der ägäischen Küste. In den winkligen, von Kopfsteinpflaster bedeckten Gassen scheint die Zeit stehengeblieben zu sein. Prächtige Bürgerhäuser mit schmiedeeisernen Balkonen wachsen aus den Stadtmauern, andere etwas windschiefe Gebäude scheinen aneinander Halt zu suchen. Verzierte Schornsteine schmücken die alten osmanischen Häuser. Obwohl Bodrum nur eine Fahrtstunde entfernt liegt, besuchen wenige Urlauber die hübsche Stadt, deren Geschichte weit zurückreicht. Von den einst bedeutenden Tempeln der karischen Siedlung blieb nur eine einzige Säule, auf der jetzt ein Storchenpaar nistet. Mit Eseln oder Maultieren bespannte Karren rollen vor allem an Markttagen durch das Baltalı Kapı, das Tor mit der Doppelaxt, dem Zeichen des Zeus.

Im Handelshof »parken« jetzt die Packesel

Im westlichen Außenviertel der Stadt liegt ein Mausoleum, Gümüşkesen – Silberkästchen – genannt. Es ist eine kleinere Ausgabe des großen, jedoch nicht mehr existierenden Mausoleums von Halikarnassos, dem heutigen Bodrum. Milas, das antike Mylasa, war bis zum 3. Jahrhundert v. Chr. Sitz der persischen Statthalter. Ihnen folgten die Griechen, Römer und Byzantiner, die in Milas einen Bischofssitz einrichteten, danach um 1400 die Osmanen. Besonders urig ist das aus ihrer Zeit stammende Han, ein halbzerfallener, ehemaliger Handels- und Handwerkerhof mitten in der Altstadt. Hier werden am Markttag mittwochs die Packesel und Mulis »geparkt« und neu beschlagen, während ein Sattelmacher die Sättel repariert. Vor dem Eingang zum Han stärken sich die Männer im Teehaus oder lassen sich beim Berber, dem Friseur, rasieren. In der schmalen Gasse zur Ulu Cami, der großen Moschee von 1378, sieht man noch Nargile-Raucher genüßlich an ihren Wasserpfeifen ziehen.

Zisternen sind bei Bodrum unentbehrlich; man sieht sie sogar am Strand

68 Bodrum bildet einen krassen Gegensatz zu Milas. Es ist das Saint Tropez, das Ibiza der Türkei und steht noch immer in dem Ruf, Tummelplatz der Reichen, Schönen und Prominenten zu sein. Doch der Lack blättert mehr und mehr ab, denn die Stadt an der südwestlichen Ägäisküste ist nicht nur bei Möchtegern-Jetsettern ausgesprochen beliebt. Dort ein Ferienappartment oder -haus zu besitzen, gehört zum Traum vieler Türken aus Istanbul und Izmir. Baukooperativen helfen, diesen Wunsch zu erfüllen, und so überziehen fertige oder im Entstehen begriffene Siedlungen die Berghänge, füllen die letzten freien Buchten und verbreiten trostlose Einförmigkeit. Die Auflage, nur im Bodrum-Stil zu bauen, erfüllten die Planer allzu wörtlich. Hunderte weiße Kuben scheinen wie vom Fließband produziert, sie haben nichts gemein mit der wohltuenden Unordnung der alten, zusammengewürfelten Dörfer mit ihren türkisfarbenen Fensterläden an blendendweißen Hausfronten. Vielleicht werden wuchernde, lila Bougainvillea-Büsche die Häßlichkeit in einigen Jahren etwas mildern.

Bei der Burg wiegen sich weiße Yachten im Wind

Die Johanniterburg ist das Wahrzeichen von Bodrum. Sie liegt auf einer kleinen Halbinsel im Hafen, in dem sich weiße Yachten im Wind wiegen. Bodrum hat sich seit Mitte der siebziger Jahre zu einem der Segel- und Urlaubszentren in der Türkei entwickelt.

Gegründet wurde die Stadt bereits vor dem 11. Jahrhundert v. Chr. von den Karern, die auch nach der Ansiedlung anderer Völker stets in der Überzahl blieben. Ihr bedeutendster Vertreter war Herodot, der im 5. Jahrhundert v. Chr. dort geboren wurde und als der Vater der Geschichtsschreibung gilt.

Der persische Statthalter Mausolos verlieh dem ehemaligen Halikarnassos jedoch erst Glanz. Sein Grabmal gehörte zu den bedeutendsten Bauten der Antike. Im Zentrum Bodrums sind davon nur noch Reste zu sehen. Ein hellenistisches Theater und vor allem das wuchtige Kastell geben als Fotomotive mehr her. Für seinen Bau verwendeten die Johanniter Quader und andere Bauteile des Mausoleums. Heute befindet sich in der Festung unter anderem ein Mu-

Mühlen wie bei Yalıkavak bestimmen das Bild auf der Bodrum-Halbinsel

Malerische Plätze und ruhige Orte lassen sich auf der Halbinsel Bodrum noch häufig finden, wie das in einer grünen Senke versteckte Yalıkavak. Bei der Fahrt durch das Gebirge begegnet man immer wieder Windmühlen und Zisternen, denn Wasser ist in dieser Region rar. Typisch für die Halbinsel sind die kubusförmigen Häuser mit flachen Dächern und gezackten Mauern.

Heimkehr per Traktor: Feldarbeiterinnen bei Muğla

Ein Treffpunkt in Yalıkavak

Gümüşlük: Eine versunkene Straße führte einst zur Haseninsel

Wohnturm bei Ortakent

Bougainvillea berankt dieses Haus in Gümüşlük

seum mit einer interessanten Glasabteilung.

Berühmt ist Bodrums Diskothek »Halikarnas« für ihre Laser- und Multivisions-Shows, die bei Urlaubern besonders beliebt sind. Wer dagegen Ruhe sucht, findet im Innern der Halbinsel und vereinzelt an der Küste noch idyllische Dörfer, wie Yalıkavak Bükü in einer von Windmühlen gesäumten Bucht im nordwestlichen Teil und Gümüşlük im Westen. Dort liegt auch das alte Myndos, eine der ältesten Siedlungen der Region. Teile des antiken Hafens sieht man unter Wasser.

Eskihisar: einst reich durch Tabak, heute fast verlassen

Aus der Ebene von Milas schlängelt sich die Straße nach Muğla, zunächst durch bewaldete Berge. Bei Eskihisar weicht das Grün dann plötzlich einer grauen Mondlandschaft. In der Umgebung wird Braunkohle abgebaut, doch einige Bewohner sträubten sich gegen die Umsiedlung und blieben ihrem alten Dorf und der antiken Stadt Stratonikeia treu, die mit ihr verwachsen ist.

Eskihisar war einst durch Tabak reich geworden – jetzt liegt die Moschee verwahrlost am Dorfplatz, schöne Fachwerkhäuser mit geschnitzten Türen sind verlassen. Am Dorfbrunnen unter alten Platanen erzählen Bewohner, daß der Staat ihren Tabak nun zu Niedrig-Preisen aufkauft und sogar noch eine Gebühr für seine Vernichtung abzieht. Der Grund dafür liegt in der Luftverschmutzung durch das Braunkohlekraftwerk bei Yatağan, die katastrophale Folgen für Flora und Fauna zeigt. Die Forstverwaltung führt seit Jahren Prozesse gegen das Kraftwerk.

Auch in Stratonikeia schuf die Kohleförderung Probleme: Archäologen beeilten sich in der alten Stadt, den Baggern zuvorzukommen, und nur ein Kuhhandel sicherte viele der alten Gebäude. Ihm fiel die Nekropole zum Opfer, die der Industrie zugestanden werden mußte und untergraben wurde.

Stratonikeia wurde etwa 281 v. Chr. durch Seleukos I. gegründet. Reste der Stadtmauern befinden sich am Dorfeingang. Im Zentrum liegen ein Serapistempel, eine Agora sowie etwas außerhalb ein gut erhaltenes Theater. Die ehemalige Dorfschule wurde zum Museum umfunktioniert.

Okey ist ein bei Männern beliebtes Spiel

So holprige Gassen wie in Muğla lassen sich anderswo schwerlich finden, und nirgendwo stehen so viele gut erhaltene osmanische Häuser aus dem 18. und 19. Jahrhundert. Sie staffeln sich in der Altstadt an den Hängen; wer sie besucht, braucht solides Schuhwerk. Schon die in die Hofmauern eingelassenen Türen von gediegener, kunstvoller Schreinerarbeit und die altertümlichen Schlösser sind eine Besichtigung wert, ebenso wie die Innenhöfe.

Besonders schön ist das Haus der Hafize Kadın. Die Besitzerin zeigt stolz die Plakette, die ihr das Kulturministerium für die liebevolle Pflege des Fachwerkbaues verlieh. Säulen, Gesimse, Balkone und Treppen aus honigfarbenem Holz schmücken die Front, und die hölzernen Decken fallen durch prachtvolle Muster auf. Das Haus ist ein Beispiel dafür, wie sich die Provinzstadt im Hinterland der südlichen Ägäis bemüht, ihr kulturelles Erbe zu schützen und zu erhalten. Einer der Schwerpunkte liegt auf dem alten Handwerkerviertel mit Sattelmachern, Verzinnern, Kupferschmieden und Zaumzeugherstellern.

Feldgeräte bietet dieser Händler in Muğla an

Bäckerei mit Pide in Muğla

Bafa-See

Vom Tourismus bisher wenig berührter See im Hinterland der Ägäis.

Anfahrt: Das Binnenmeer erreicht man über die Staatsstraße 525. Von Söke bis zum See sind es etwa 29 Kilometer. Alle Busse, die von Izmir, Istanbul und Ankara nach Bodrum fahren, nehmen diese Straße entlang des Südufers. Von Söke und Milas gibt es Dolmuş-Verbindungen, ebenso zum Dorf Kapıkırı bei Stratonikeia.

Sehenswürdigkeiten: Herakleia am Latmos, am nördlichen Ufer des Sees. Kapıkırı liegt zwischen den Ruinen. Sehenswert sind die Agora, auf der heute die Grundschule steht, außerdem der Athena-Tempel aus dem 3. Jahrhundert v. Chr. mit herrlicher Aussicht. Das Grab des Endymion liegt auf dem Weg zum See. Für die Besichtigung der Einsiedlerhöhlen am Hang des Latmos-Gebirges einen Führer aus dem Dorf mitnehmen.

Unterkunft: Bei Herakleia gibt es am See einfache Pensionen und einen Campingplatz. An der Strecke von Söke nach Milas direkt am See zwei Campingplätze mit Bademöglichkeit und ein Fischrestaurant; außerdem ein Ferienclub mit einfachen Unterkünften.

Ausflüge: Beim Fischrestaurant Bootvermietung für einen Ausflug auf dem See.

Euromos

Wenig erforschte Stadt mit einem der bedeutendsten Sakralbauten.

Anfahrt: Mit dem Auto über die Staatstraße Söke–Milas oder mit dem Dolmuş; von Milas bis Euromos etwa 12 Kilometer.

Sehenswürdigkeiten: Der Zeustempel aus römischer Zeit mit gut erhaltenen Säulen und Gesimsen, an der Straße weitere Säulen der Agora. In den Hügeln im Hinterland Reste der Nekropole und des Theaters.

Unterkunft: In Bodrum.

Iasos

Alte karische Stadt, überragt von einer mittelalterlichen Burg.

Anfahrt: Mit dem Auto: Aus Richtung Söke kommend zweigt kurz vor Milas rechts eine kleine Landstraße zum Dorf Kızılkaya und zum antiken Iasos ab, die

---

Strecke beträgt etwa 18 Kilometer. Eine andere Straße Richtung Bodrum führt nach Güllük, von dort aus mit dem Boot nach Iasos.

Sehenswürdigkeiten: In der Ebene Ruinen byzantinischer Bauten. Direkt am Dorfeingang von Kızılkaya ein römisches Grab, weitere im Dorf. Auf der Halbinsel die wichtigsten Ausgrabungen: Buleuterion, Agora, Theater, Wohnhäuser, Kirchenbauten, Festung.

Unterkunft: Am Hafen von Kızılkaya einfache Pensionen und Restaurants.

Labranda

Heiligtum aus dem 5. Jahrhundert v. Chr., von schwedischen Archäologen ausgegraben.

Anfahrt: Mit dem Auto: Aus Richtung Söke kommend, zweigt an der Ortseinfahrt von Milas (bei der Tankstelle) links eine einfache, doch einigermaßen gut befahrbare Straße ab. Bis Labranda sind es etwa 14 Kilometer. Die Straße passiert das besonders schön am Berghang gelegene Dorf Kırçağız mit alten Stein- und Fachwerkhäusern.

Sehenswürdigkeiten: Der Wärter führt zu den Propyläen, zum Brunnenhaus, den Männerhäusern und den Gräbern am Steilhang.

Milas

Rund 25 000 Einwohner zählende Stadt, einst Hauptstadt von Karien.

Anfahrt: Milas liegt an der Staatsstraße 525 von Söke nach Bodrum/Muğla. Regelmäßige Busverbindung von Norden und Süden.

Weißbrot – körbeweise

Sehenswürdigkeiten: Das römische Stadttor Baltalı Kapı, die Tempelreste, das Mausoleum Gümüşkesen und die Firuz Bey-Moschee (oder Gök Camii) von 1394, bei deren Bau Marmorreste antiker Bauten verwendet wurden.

Unterkunft: In Milas gibt es wenige Hotels. Es empfiehlt sich, im etwa 60 Kilometer entfernten Bodrum zu übernachten.

Veranstaltungen: Der Wochenmarkt mittwochs ist besonders interessant. Im alten Han in der Altstadt herrscht viel Betrieb, wenn die Esel und Maultiere neu beschlagen werden. Auf dem Markt Vorsicht vor Taschendieben!

Bodrum

Auch bei deutschen Urlaubern beliebtes Ferienzentrum in schöner Lage und mit attraktivem Ortsbild.

Anfahrt: Die Abzweigung zur Bodrum-Halbinsel liegt bei Milas. Von dort sind es etwa 60 Kilometer. Von Istanbul und Izmir mehrmals täglich Busverbindung. Es empfiehlt sich, im heißen Sommer während der Nacht zu reisen. Gute Busverbindungen zu allen Ferienorten an der Küste.

Sehenswürdigkeiten: Das Kastell Sankt Peter auf der Halbinsel im Hafen. Die Johanniter erbauten es im 15. Jahrhundert, als sie aus dem Heiligen Land verdrängt wurden und sich in die Ägäis und den westlichen Mittelmeerraum zurückzogen. Die Burg beherbergt jetzt das Museum. In den verschiedenen Türmen und in der Kapelle sind antike und byzantinische Funde aus der Umgebung ausgestellt.

Das Museum hat sich vor allem auf Unterwasserarchäologie spezialisiert. Interessant ist das rekonstruierte »Glasschiff« mit einer Fracht aus wunderschönen Gläsern. Geöffnet täglich von 8.30 bis 12 Uhr und von 13 bis 17 Uhr.

Das Mausoleum in der Altstadt Bodrums, nahe der Tepecik-Moschee. Nur noch das Fundament und einige Architekturreste sind hier vom einst 45 Meter hohen und von Kolonnaden eingefaßten Grab des Mausolos erhalten. Im 19. Jahrhundert fand der Brite Charles Newton in den Mauern des Kastells Reliefs und Standbilder vom Grab, die er nach London bringen ließ. Sie sind heute im Britischen Museum ausgestellt.

Das Theater liegt unweit der großen Umgehungsstraße von Bodrum. Es stammt aus dem 3. Jahrhundert v. Chr. Leider wurde bei der Restaurierung allzu verschwenderisch mit Beton umgegangen. Das antike Stadion befindet sich unterhalb dieser Straße und wurde einfach mit einem Gewerbehof überbaut. Ruinen-Reste sind nicht zu sehen.

Unterkunft: In den winkligen Gassen der Altstadt liegen hübsche kleine Hotels und Pensionen. In den Außenbezirken und in den Ferienorten der Halbinsel gibt es Unterkünfte in jeder Preislage. Bodrum ist nicht billig.

Ausgehen: Entlang der Hafenpromenade sowie rechts und links vom Kastell und in den Gassen dahinter alle Arten von Lokalen und Restaurants, Bars und Kneipen. Das kulinarische Angebot reicht, wie in allen Ferienorten, von Fast Food mit Hamburger und Pizza über türkische Küche bis zu chinesischem Essen.

Die Disco »Halikarnas« liegt an der Bucht südwestlich der Festung. 2000 Personen haben hier Platz; die Laseranlage zaubert tolle Effekte in den Nachthimmel.

Veranstaltungen: Im Juni/Juli Bodrum-Festival mit Konzerten in der Burg. Donnerstags und freitags Markt; besonders reichhaltig ist das Textilangebot mit traditionellen türkischen Stoffen.

Ausflüge: Nach Myndos, dem heutigen Gümüşlük, an einer malerischen kleinen Bucht im Westen der Halbinsel; hübsche Lokale in Häusern im griechischen Stil, Bademöglichkeit.

Nach Gündoğan im nordwestlichen Teil der Halbinsel, gute Fischrestaurants. Nach Yalıkavak, malerisch gelegen nordwestlich von Bodrum an einer

Hier wurde einst gehandelt: Ruinen der Agora in Iassos

Bucht. Die Zufahrtsstraße über das bergige Inselinnere ist von Windmühlen gesäumt. Unterwegs fallen beim Dorf Ortakent die alten Wohntürme auf.

Täglich Bootsfahrten zu den Stränden der Halbinsel, Abfahrt meist zwischen 10 und 12 Uhr. Zur griechischen Insel Kos, in der Hauptsaison täglich um 9 Uhr, Rückfahrt 16.30 Uhr. Zur Halbinsel Datça in der Saison (Mai bis Oktober) täglich um 9 und 16 Uhr.

Zweimal täglich Rundflug über Bodrum und die Halbinsel. Auskunft erteilt der Club M in Bodrum.

Souvenirs: Ledersandalen, blau-weiße Glasobjekte gegen den »bösen Blick«.

Sport: Wassersport; die besten Surfmöglichkeiten in der Gümbet-Bucht, westlich von Bodrum. Tauchen im Barakuda Club.

Information: Turizm Danışma, 12 Eylül Meydanı, Tel. (9-6141) 10 91.

Stratonikeia

Seleukische Stadt aus dem 3. Jahrhundert v. Chr.

Anfahrt: Die antike Stadt liegt etwa 100 Kilometer von Bodrum, knapp 40 Kilometer von Milas entfernt in Richtung Muğla. Bus bis Yatağan.

Sehenswürdigkeiten: Im Kaffeehaus nahe der Moschee nach dem Wärter fragen, der durch das Ruinengelände führt. Die alte Schule mit dem Museum liegt am anderen Ende des Ortes.

Muğla

Kleinstadt mit schönen osmanischen Häusern.

Anfahrt: Von Milas bis Muğla in Richtung Marmaris sind es etwa 64 Kilometer, von Bodrum 96 Kilometer. Busverbindung.

Sehenswürdigkeiten: Die Altstadt mit dem Handwerkerbezirk, hier auch die Ulu Moschee (1344) aus der Zeit der Mentese-Dynastie, die einen frühen mehrschiffigen Moscheentyp repräsentiert.

Übernachtung: Empfehlenswert ist das Petek Oteli an der Durchfahrtsstraße nach Marmaris, Marmaris Bulvarı, Tel. 3135.

Veranstaltungen: Kulturtage zwischen 28. September und 1. Oktober.

Information: Turizm Danışma, Emirbeyazit Mah. Marmaris Bulvarı, No. 24, Tel. (9-6111) 1261, 1244.

Auf der »Teppichfarm« in Milas bleichen Teppiche in der Sonne

Küstenlandschaft bei Güvercinlik

Auf Fels gebaut sind manche Häuser in Kapıkırı

Euromos: eingravierte Spendernamen

Blüten von Granatapfelbäumen am Bafa-See

Gut erschlossen ist die südliche Ägäis für den Tourismus. In Bodrum, aber auch in kleinen Orten wie Güvercinlik, stehen Hotels und vor allem kleine Pensionen zur Verfügung. Am ruhigen Bafa-See gibt es nahe dem Dorf Kapıkırı ebenfalls einfache Zimmer und Campingplätze; am gegenüberliegenden Ufer ist sogar ein Feriendorf entstanden. Die Natur ist in dieser Region aber noch weitgehend intakt, ganze Kolonien von Reihern und Flamingos lassen sich dort beobachten.

Tomatenstand auf dem Markt von Milas

Eine Märchenwelt aus Kalk und Wasser

*In der Nebensaison geht es ruhig zu in Pamukkale.
Wenn die Urlauber herbeiströmen, verkommen die
weltberühmten Kalksinterterrassen aber zu
überdimensionalen Badewannen. Ohne Zweifel sind sie
das bekannteste Naturspektakel, das die Türkei
zu bieten hat. Eine der reizvollsten Berglandschaften
im Westen des Landes bildet ihre Kulisse.*

Säulen mit Spiralen, typisch für Aphrodisias

In der Teppichknüpfschule von Tavas

Das Gebirgsmassiv Akdağ bestimmt die Landschaft bei Denizli

Das Theater von Aphrodisias, Austragungsort von Gladiatorenkämpfen

Bei Geyre steigt der Gebirgszug Akdağ bis auf 2000 Meter an. In der Schönheit seiner Ruinen konkurriert die benachbarte Stadt Aphrodisias mit Ephesos, jedoch ist ihre Lage einmalig. Für die Frauen aus dieser Region sind Teppiche oft die einzige Einnahmequelle. Früh lernen die Mädchen deshalb in Schulen das Knüpfen. Auf dem Weg nach Pamukkale liegen Nyssa und die Karawanserei Akhan an der alten Handelsroute zwischen Zentralanatolien und der Ägäis.

Überwuchert ist die Ruine der Bibliothek von Nyssa

Wer in das Hinterland der südlichen Ägäis reist, entdeckt eine der reizvollsten Berglandschaften der westlichen Türkei. Die wohl schönste Route führt von Yatağan in die Provinzhauptstadt Aydın und von dort in Richtung Mittelanatolien. Die Reise geht zunächst entlang des Flüßchens Çine und später auf einer fast schnurgeraden Straße durch die Flußebene des Büyük Menderes, des Großen Mäanders. Eine gute Autostunde in Richtung Denizli liegt Pamukkale, das durch seine schneeweißen Kalksinterterrassen weltbekannt ist.

Ob man von Izmir, Bodrum oder Marmaris anreist, der Weg führt immer über Aydın. Mehrfach durch Erdbeben und zuletzt 1922 im türkisch-griechischen Krieg zerstört, bietet die Stadt kaum Sehenswertes. Eine Ausnahme ist das Museum. Neben Funden aus benachbarten antiken Stätten wie Tralleis und Nyssa zeigt es eine reiche Textilsammlung:

Das Tetrapylon von Aphrodisias aus dem 2. Jh.

Kostbar verzierte Trachten, festliche und reich bestickte Kopftücher, bunt gemusterte Strickstrümpfe und andere Kleider, wie sie manche Bauersfrauen der Umgebung bis heute tragen.

Auf der vielbefahrenen Fernstraße durch fruchtbares Land pendeln im Herbst pausenlos Lastwagen, hoch beladen mit Baumwolle. Sie ist Hauptprodukt dieses Flußdeltas und ein wichtiges Exportgut des Landes. Hauptumschlagplatz ist die Stadt Nazilli. Wenige Kilometer westlich von ihr zweigt beim Ort Sultanhisar eine Straße zur antiken

Stadt Nyssa ab, die wenig besucht am Berg oberhalb einer Schlucht liegt. Vom Theater, dessen Reihen von Olivenbäumen durchsetzt sind, hat man einen weiten Blick über das Tal. Nachfahren Alexanders des Großen gründeten die Stadt, die im 1. Jahrhundert n. Chr. ein geistiges Zentrum mit einer berühmten Bibliothek war.

Durch die Schlucht war Nyssa in zwei Ortshälften geteilt. Drei Brücken führten einst über die Felsspalte, nur eine ist in Resten vorhanden. Unterhalb des Theaters liegt ein 100 Meter langer Tunnel, durch den die Römer den Bach leiteten. Ganz Mutige lassen sich vom Wärter in den steilen Canyon führen. Zurück auf der Staatsstraße 320 sollte man 18 Kilometer östlich von Nazilli in Richtung Tavas abbiegen. Nach einer halben Stunde erreicht man das neue Dorf Geyre, dessen Bewohner ihre alte Siedlung den Archäologen überließen. Diese arbeiten seither in einer der bedeutendsten Fundstätten der Türkei.

Aphrodisias: Bekanntschaft mit bildschönem Apollo

Wo die Geyrer bis in die sechziger Jahre zwischen antiken Ruinen lebten, haben die Wissenschaftler inzwischen einen Teil der Stadtanlage von Aphrodisias freigelegt und eines der besterhaltenen Stadien der gesamten antiken Welt entdeckt. Es bot rund 25 000 Menschen Platz. Am Tetrapylon, einem prachtvollen Zeremonientor, sind die Restaurationsarbeiten abgeschlossen. Gefunden wurden zudem der Tempel der Stadtgöttin Aphrodite, Teile der Agora und ein fast vollständig erhaltenes Theater. Zwei bis drei Stunden dauert es, diese 600 Meter hoch gelegene Grabungsstätte zu besichtigen. Im Museum, das am ehemaligen Dorfplatz liegt, machen Besucher die Bekanntschaft mit Marmorstatuen, darunter eine der Stadtpatronin und ein bildschöner Apollo. Das hohe künstlerische Niveau dieser Arbeiten verwundert nicht, denn schließlich besaß Aphrodisias eine der berühmtesten Bildhauerschulen der alten Welt. Den Marmor fanden sie nahebei in einem Steinbruch. Die Ursprünge der Stadt reichen bis ins 3. Jahrtausend v. Chr. zurück. Mit den Römern kam ab dem 2. Jahrhundert v. Chr. der Ruhm, nicht zuletzt als Aphrodite-Kultstadt. Die Weiterfahrt geht über Tavas und

Reliefs schmücken die Karawanserei Akhan

Ruinen der Nekropole von Hierapolis

Gut erkennbar ist die einstige Säulenstraße

Der Sarkophag ist im Archäologischen Museum zu sehen

Nach altem Rezept backen die Frauen Fladen

Die Karer und Römer bauten für ihre Toten in Hierapolis eine ausgedehnte Nekropole mit Hausgräbern und Sarkophagen; die schönsten sind im Museum in ehemaligen Thermen ausgestellt. Römische Veteranen verlebten in dem Kurort der Antike gerne ihren Lebensabend und suchten im warmen Wasser Linderung von ihren Leiden. Heute finden Touristen im Quellteich des Pamukkale-Hotels Entspannung. Sogar so heiß, daß man sich leicht verbrüht, kommt die eisenhaltige Rote Quelle beim Dorf Karahayıt aus der Erde.

Bei Karahayıt sprudelt die Rote Quelle

Besucherinnen im Theater von Pamukkale

Kaskaden glitzernder Kalkablagerungen. Der Vergleich mit einem Märchenpalast aus Eis und Schnee kommt auf. Die Einheimischen ließen sich bei der Namensgebung dagegen von einem Landesprodukt inspirieren: Pamukkale, Baumwollburg, nennen sie dieses Naturwunder, das zu den touristischen Hauptattraktionen des ägäischen Bereichs zählt. Geschaffen wurde es durch das stark kalkhaltige Thermalwasser, das auf dem Plateau darüber aus der Erde quillt. Beim Herunterrinnen lagert sich Kalksinter ab. Im Laufe der Jahrtausende entstand so die weithin sichtbare Pracht.

Das strahlende Weiß, das die rheumageplagten Kurgäste und Touristen so bewundern, droht jedoch zu verblassen. Etliche Hotels haben die 38 Grad warme Quelle für die hauseigenen Schwimmbäder angezapft. Die Terrassen werden deshalb zeitweise nur von einem dünnen Rinnsal berieselt; der Kalk ergraut.

In Pamukkale verbrachten Krieger ihren Lebensabend

Beliebt war Pamukkale als Hierapolis schon unter den Römern. Sie hatten die im 2. Jahrhundert v. Chr. von den Pergamenern gegründete Stadt übernommen und zu einer attraktiven Garnison ausgebaut. Verdiente Veteranen wurden angesiedelt, die in der Kurstadt Linderung von ihren Leiden suchten.

Weil immer mehr Krieger ihren Lebensabend in der Bergstadt verbrachten, wuchs die Nekropole auf die gleiche Größe an wie die antike Siedlung selbst. Viele Grabtypen wie Sarkophage und Hausgräber blieben erhalten; einige besonders ausdrucksstarke Exemplare sind im Museum ausgestellt. Sehenswert ist auch eine Kirche aus byzantinisch-christlicher Zeit, die an das Martyrium des Apostels Philipp 80 n. Chr. erinnert, sowie das Theater.

Die Berge bei Pamukkale bieten jedoch noch andere Überraschungen: Etwa fünf Kilometer nördlich der Kalksinterterrassen sprudelt beim Dorf Karahayıt die Rote Quelle. Sie erhält ihre Farbe durch ein stark eisenhaltiges, heißes Wasser. Stärken können sich Besucher dieses netten Ausflugsziels mit dem Gözleme, einer Spezialität aus Fladenbrot, das die Frauen mit Käse füllen und über offenem Feuer backen.

Pamukkale Motel: Schwimmen zwischen Säulen

den Kazıkbeli-Paß nach Denizli. Diese ansonsten farblose Stadt beherbergt die stolzesten Paschas des Orients. Sie krähen, was die langen Hälse hergeben und sind dabei besonders harmonisch und ausdauernd. Der Rekord liegt bei 25 Sekunden. Aber auch das Federkleid eines Denizli-Hahnes kann sich sehen lassen. In leuchtenden Farben stellt es alle anderen Konkurrenten der Türkei in den Schatten.

Natürliche »Badewannen« mit hellblauem Wasser

Von Denizli ist es nicht mehr weit bis Pamukkale. Auf dem Weg dorthin liegt eine wenig beachtete seldschukische Karawanserei aus dem 13. Jahrhundert, und über eine Seitenstraße ist Laodikeia zu erreichen. Von dieser einst blühenden Stadt ragen nur noch einige Sarkophagdeckel aus einem Weizenfeld, zwischen den Sitzreihen des alten Theaters grasen Ziegen und Schafe.

Eine steile Straße führt schließlich zum bekanntesten Naturwunder der Türkei. An einem Berghang kleben übereinandergestaffelt runde, steinerne »Badewannen« mit warmem, hellblauem Wasser. Ihre Ränder zieren erstarrte

Provinzhauptstadt mit wenig Sehenswertem, jedoch gut geeignet als Zwischenstation für Pamukkale.

Anfahrt: Aydın liegt an der vielbefahrenen Strecke zwischen ägäischer Küste und Mittelanatolien. Von jeder Ecke aus ist die Stadt mit dem Linienbus bequem zu erreichen.

Sehenswürdigkeiten: Das Museum im Stadtteil Hasan Efendi Mahallesi (ausgeschildert).

Unterkunft: Zu empfehlen ist das Orhan Oteli, Gazi Bulvarı No. 63, Tel. 11781.

Ausflüge: Zu Fuß zur antiken Stadt Tralleis, deren spärliche Reste zwei Kilometer nördlich liegen. Dort Bögen des römischen Gymnasiums, als Üçgöz (Drei Augen) bekannt. Nach Sultanhisar (22 Kilometer mit dem Dolmuş) und von dort zum antiken Nyssa, weitere vier Kilometer zu Fuß oder mit dem Taxi.

Auskunft: Turizm Danışma, Yeni Dörtyol Mevkii, Tel. (9-631) 14145.

Aphrodisias

Eine der bedeutendsten archäologischen Fundstätten der Türkei.

Anfahrt: Die Abzweigung nach Aphrodisias liegt an der Strecke Aydın–Denizli, etwa 12 Kilometer östlich von Nazilli. Preiswerte Pauschalausflüge von allen Ferienorten der Küste. Mit dem Linienbus bis Nazilli, von dort mit dem Dolmuş bis Geyre.

Sehenswürdigkeiten: Aphrodisias liegt auf einer Hochebene unterhalb des 2308 Meter hohen Baba Dağı im Bereich des umgesiedelten Geyre. Der Name Aphrodisias tauchte erst im 3. Jahrhundert v. Chr. auf, besiedelt war die Stätte aber schon im 3. Jahrtausend vor unserer Zeitrechnung. Die Stadt lebte unter anderem vom Export hochwertigen Marmors.

Der nachfolgende Rundgang beginnt auf dem ehemaligen Dorfplatz mit dem Museum. Zuerst gelangt man zum Tetrapylon, einem prachtvollen Zeremonientor mit kannelierten (spiralförmig verzierten) Säulen, die eine Spezialität der Bildhauerschule Aphrodisias waren. Die Pforte gehört zum Aphrodite-Heiligtum, das links im Hintergrund liegt. Rechts ist das Stadion zu sehen, das 25 000 Zuschauer faßte. Die tunnelförmigen Eingänge und seine 22 Sitzreihen rund um die Laufbahn sind gut erhalten.

Am Nordtemenos vorbei, einem Anwesen mit Innenhöfen, geht es zum Aphrodite-Tempel, der wahrscheinlich aus dem 1. Jahrhundert v. Chr. stammt. In christlicher Zeit wurde er zur Kirche umgebaut. Südlich davon liegt der Bischofspalast, östlich das Odeion, das römische Rathaus. Reihen korinthischer und ionischer Säulen, durchsetzt mit Pappeln, gehören zur Agora, dem Markt. Im Westen liegen die Thermen des Hadrian, eine Badeanlage mit der üblichen funktionalen Gliederung.

Südöstlich davon lassen sich die Ruinen einer römischen Basilika erkennen sowie eine byzantinische Kirche mit schönen Marmorornamenten. Weiter führt der Pfad zum Theater mit einem Vorplatz aus weißem Marmor. Vom Hügel überblickt man das ganze Stadtgebiet. Im Süden schließen sich die Theatherthermen an, im Südosten eine weitere christliche Kirche. Danach gelangt man wieder zum Dorfplatz.

Unterkunft: Am besten in Aydın oder Pamukkale.

Pamukkale

Weltbekannte Kalksinterterrassen mit 38 Grad warmem Wasser, in dem schon römische Siedler Linderung von ihren Leiden suchten. Wer nach Pamukkale fährt, sollte wenigstens eine Übernachtung einplanen, nicht nur wegen des Thermalbades. Beim Auf- und Untergang der Sonne ist das Spiel von Licht, Schatten und Farben ein ganz besonders prächtiges Schauspiel.

Einmalig: Pamukkales Kalksinterterrassen

Anfahrt: Mit dem Auto von der Küste aus über Aydın und Denizli oder per organisiertem Ausflug. Mit dem Linienbus bis Denizli und weiter mit dem Dolmuş. Mit der Bahn von Izmir oder Aydın bis Denizli, auch hier weiter mit dem Dolmuş.

Sehenswürdigkeiten: Die Kalksinterterrassen, in deren Becken man baden kann. Eine andere Möglichkeit, in den Genuß des Thermalwassers zu kommen: der Quellteich des Pamukkale Motels mit seinen antiken Säulen (Gebühr für Nicht-Gäste).

Das Museum in den römischen Thermen von Hierapolis am großen Parkplatz. In den wuchtigen Gewölben Funde der antiken Stadt. Sie wurde im 2. Jahrhundert v. Chr. von Eumenes II. gegründet und gelangte bald darauf in römischen Besitz. Ihre Blütezeit lag im 2. und 3. Jahrhundert nach Beginn unserer Zeitrechnung.

Apollotempel, Plutonium und Theater östlich vom Museum: Vom Plutonium, einem Heiligtum Plutos, dem Gott der Unterwelt, ist nur noch der verschlossene Eingang zu sehen. Angeblich konnten nur die Priester unbeschadet die mit giftigen Gasen gefüllte Grotte betreten. Heute entströmen ihr ungefährliche Schwefeldämpfe.

Das Martyrium des heiligen Philipp auf einer Anhöhe über dem Theater. Die achteckige Kirche, erbaut im 5. Jahrhundert, gilt als Mahnstätte für den Märtyrer und seine mit ihm getöteten sieben Söhne.

Die Nekropole, eine über einen Kilometer lange Totenstadt mit über tausend Gräbern nördlich der Terrassen. Von dort aus erreicht man per Taxi oder Dolmuş die fünf Kilometer entfernte Rote Quelle bei Karahayıt.

Unterkunft: Im Bereich der Terrassen liegen verschiedene Motels und Hotels; unterhalb des Geländes in Pamukkale Köyü sowie auf dem Weg nach Karahayıt und in dem Ort preiswertere Unterkünfte, teilweise mit Thermalwasser-Schwimmbecken. Die schönsten besitzen das Tusan Moteli (neben den Terrassen, Tel. 1010) und das Pamukkale Motel (Tel. 1024).

Nette, kleine Restaurants liegen an der Straße durch Karahayıt.

Information: Turizm Danışma in Pamukkale am Museum, Tel. (9-6218) 1077; in Denizli, Istiklal Caddesi No. 20, Tel. (9-621) 13393.

Ruinen des antiken Hierapolis: Friese des Apollontempels und im Hintergrund das Theater

Eisenhaltiges Wasser verfärbte den Stein

Gute Aussicht: Blick vom antiken Nyssa

An den Apollontempel erinnern in Hierapolis nur noch wenige Reste, wie der Torbogen und ein daneben liegendes unterirdisches Gewölbe, in dem die Orakelstätte war. Häufig trifft man in der Ägäischen Region auf Dromedare, die Touristen zu einem kleinen Ritt einladen, jedoch auch für Kamelkämpfe abgerichtet werden.

Sultanhisar: Eingang zum begehbaren Bachtunnel

Ritt auf dem Dromedar, besonders für Kinder ein großer Spaß

Eine zerklüftete Berglandschaft bedeckt das Hinterland
der Ägäis, wohin der Tourismus noch kaum vorge-
drungen ist. Weite Mohnfelder überziehen das Land um
Afyon; streng kontrolliert wird dort Opium für medizinische Zwecke gewonnen. Zentrum des Seidenhandels
ist seit jeher die Stadt Bursa. Sehenswert sind
dort die Ulu Camii (großes Bild) und die Grüne Türbe.

Im Hinterland: Berge, Mohn und feine Seide

Fayence-Malerinnen in Kütahya

Ayazın ist bekannt für seine Felswohnungen

Auf der Türbe in Kümbet haben Störche ihr Nest gebaut

Ein Bereich Mittel-Anatoliens gehörte um 700 v. Chr. zum Reich der Phrygier. Im Städtedreieck von Afyon, Kütahya – der Stadt der Fayencemalerei – und Eskişehir gelangt man über schwer befahrbare Wege zu ihren Heiligtümern, wie zu den Steinmonumenten der Fruchtbarkeitsgöttin Kybele.
Rund um Afyon mit Afyonkarahisar, der »Schwarzes Opiumschloß« genannten Zitadelle, wird staatlich kontrolliert Mohn angebaut und später zu medizinischen Zwecken verarbeitet.

Blick über Afyon mit Resten der Zitadelle auf dem Burgberg

Kümbet: Löwenrelief auf dem Solongrab

Entspannung im Hamam, dem türkischen Bad

Selten verlaufen die Straßen hinter der ägäischen Küste über längere Strecken geradeaus, überall warnen Schilder vor scharfen Kurven. Die Reise geht durch eine zerklüftete Berglandschaft und über Pässe, die selten unter 1000 Meter zählen. Das meistgedruckte Wort auf der Landkarte ist Dağ (Berg) oder Dağları (Gebirge). Es gibt sie in solcher Fülle, daß manche noch keinen Namen erhielten und nur mit der Höhenangabe gekennzeichnet wurden.

Auch wenn in dieser abgelegenen Ecke um Afyon keine Busse der Reiseunternehmen herumkreuzen, gibt es viel zu sehen. Im Gebiet des alten Phrygien liegt eine Landschaft von eigenartiger, melancholischer Schönheit, in der Reisenden häufig die geheimnisvollen Steinmonumente der Fruchtbarkeitsgöttin Kybele begegnen. Einige sind über unebene Feldwege nur schwer erreichbar, doch auch das besitzt seine Reize. In Afyon und in der Keramikstadt Kütahya lassen sich urwüchsige Altstadtviertel entdecken, wie sie an der Küste immer seltener werden.

Afyon: Mohn für Medizin und leckere Süßigkeiten

Auf der Reise durch die Berge nach Afyon sorgen viele Ortschaften für Überraschungen. Nicht selten stoppen eine Gänseherde oder eine auf der Straße dösende Kuh die Weiterfahrt, Hupen beschleunigt keineswegs ihre Gangart. Schulkinder in ihren schwarzen Kitteln winken und rufen »Hallo, hallo, turist, turist«. Keine Frage, Reisende sind willkommen, sie werden bestaunt und von Kopf bis Fuß gemustert. Das Interesse ist ausgeprägt, echt und freundlich gemeint, wie die Fragen beweisen.

Afyon heißt übersetzt Opium oder Mohn. Diese Pflanze wird in der Region um die nach ihm benannte Stadt auf staatlich streng kontrollierten Flächen angebaut, und genau überwacht wird auch in der staatseigenen Fabrik die Verarbeitung des Saftes zu medizinischen Zwecken. Die reifen Samenkörnchen liegen in den Auslagen der Süßigkeiten-Geschäfte. Speziell in Afyon wird in ihnen, dem Haşhaş, das Lokum gewälzt, eine in Würfeln angebotene Spezialität aus Gelee und Nüssen.

Die berühmteste Leckerei der Stadt ist jedoch Kaymak. Dieser dicke, süßliche Rahm, manchmal noch aus Büffelmilch gewonnen, wird zusammen mit Ekmek Kadayıfı, einem in Sirup getauchten Gebäck, genossen: ein Gedicht. Nirgendwo sonst gibt es diese Spezialität so gut wie hier, besonders im Ikbal, einem weit bekannten Restaurant. Seinen Eingang zieren zwei riesige barocke Spiegel. Angeblich stammen sie aus dem Dolmabahçe-Palast in Istanbul. Dort arbeitete der Großvater des jetzigen Besitzers als Koch und erhielt sie von Atatürk als Geschenk.

Nach dem Schlemmen tut ein Gang durch das Altstadtviertel gut. Dort regieren die Blech- und Kupferschmiede, die Schuster und vor allem die Filzhersteller, die den Hirten dicke, regenfeste

Mohnanbau in der Umgebung von Afyon

und wärmende Umhänge anfertigen. Lohnenswert ist auch der Weg über einen schmalen, steilen Pfad zur Zitadelle, 226 Meter über der Stadt auf einem Felsen gebaut. Vermutlich lag an dieser Stelle im 2. Jahrtausend v. Chr. die Hethiterfestung Chapanuwa. Heute heißt sie nach dem Hauptprodukt der Region Afyonkarahisar, Schwarzes Opiumschloß. Ihre jetzige Form erhielt sie im 12. Jahrhundert unter den Seldschuken sowie den nachfolgenden Osmanen.

Die Seldschuken hinterließen der Stadt zahlreiche Moscheen. Die schönste ist die Ulu Cami im oberen Altstadtbereich, eine der wenigen erhaltenen Holzmoscheen in Anatolien mit einer neunschiffigen Bethalle. Die kunstvoll

Bursa: Blick in die Ulu Cami

Türbe in der Yeşil Cami in Bursa

Seidenkokons, ein Hauptprodukt aus Bursa

Das Gebirge Uludağ ist das wichtigste türkische Wintersportgebiet

Die Yeşil Medrese birgt ein ethnologisches Museum

Die blauen Fayence-
kacheln und die präch-
tigen Leuchter kenn-
zeichnen Bursas
Moscheen. Auffallend
sind die vielen Maul-
beerbäume; die Sei-
denraupenzucht ist
ein wichtiger Wirt-
schaftszweig der Re-
gion. Die Seide wird
vor allem für die kost-
baren Hereke-Teppi-
che verwendet.

Ausschnitt aus dem 99-Namen-Allah-Fries im Muradiye Komplex

gearbeitete Decke tragen 40 Holzsäulen mit Stalaktitenkapitellen. Leider erhielt diese alte Moschee einen Bodenbelag aus Kunststoff. Die sonst üblichen anatolischen Teppiche, die durch ihre warmen Farben Harmonie verbreiten, fehlen hier.

Um in das ehemalige Phrygien zu gelangen, fährt man von Afyon über eine schmale Landstraße in nordöstliche Richtung bis Gazlıgöl, wo sie sich gabelt. Doch welche Richtung man von dem kleinen Thermalbad auch wählt: Jeder Weg führt auf die Spuren der Phryger. Deren aufwendig aus Tuffstein gemeißelte Kultbilder sind überall in der Region zwischen den Städten Afyon, Kütahya und Eskişehir zu finden. Häufig stellen sie die von riesigen Löwen bewachte Göttin Kybele dar.

Kultbilder der Phrygier: oft Ziel von Grabräubern

Von den Phrygern weiß man, daß sie aus Mazedonien oder Thrakien stammten und um 1200 v. Chr. oder früher mit ihren Reiterhorden zerstörend über Kleinasien hereinbrachen. Zeitweise herrschten sie über weite Teile des anatolischen Binnenlandes. Neben Gordion, etwa 130 Kilometer westlich von Ankara, hatten sie in Westanatolien ein weiteres Zentrum: Midas Şehri. Die Reste dieser Stadt mit dem »beschriebenen Fels«, eine mit Schriftzeichen und geometrischen Mustern bedeckte Fassade, befinden sich bei Yazılıkaya.

Sanft geschwungene Hügel nordöstlich von Afyon durchziehen die Landschaft zwischen Afyon und Kütahya. Phantasievoll geformte Felsen, die zum Teil wie von Menschenhand gestaltet wirken, bilden Akzente. Als Naturmystiker pflegten die Phryger in dieser Region einen rauschhaften Kult, der ihrer Göttin Kybele gewidmet war. Sie galt als Herrscherin über die Natur und die wilden Tiere, und von den Bergen aus beschützte sie die Menschen. Ihre zum Teil noch gut erhaltenen Monumente stehen in einer Ost- und einer Westgruppe.

Eine ganze Reihe dieser Kultbilder ist jedoch zerstört. Wo sie nicht als Steinbruch zweckentfremdet wurden, waren und sind oft Grabräuber am Werk. Sie glauben, bei Kybele Schätze zu finden und rücken der Göttin mit Dynamit zu Leibe. Ein einziger Wärter beaufsichtigt die über viele Kilometer verstreuten historischen Stätten. Mit Fahrrad, Esel oder zu Fuß soll er weitere Untaten verhindern.

Wer den Orient im Dekor entdecken möchte, sollte nach Kütahya reisen. Von dort kommen die berühmten Fayencen, Kacheln, Vasen und Teller, vor allem in Blau und Türkis bemalt mit vielen Arabesken, Blüten und Ornamenten. Schon bei der Einfahrt in die Stadt fallen die Keramikfabriken mit ihren Ausstellungsgebäuden ins Auge.

Seide aus Bursa – bekannt an europäischen Höfen

In zahlreichen Geschäften wird das Kunsthandwerk angeboten; Formen und Dekore ähneln sich sehr. Ganz anders im Laden von Sıtkı Olçar: Seit Jahren bemüht er sich mit Erfolg um die Wiederbelebung klassischer Motive mit der Leuchtkraft alter Glasuren. Die Fayence-Malerei stammt aus seldschukischer und osmanischer Zeit. Die Stadt Iznik nordöstlich von Bursa war damals ihr Zentrum, und auch dort wird die alte Kunst wiederbelebt.

In Kütahya beginnt hinter dem Verkehrsgewühl des Zentrums die Altstadt mit ihren holprigen Gassen. Dort liegt

Innenraum der Muradiye-Moschee in Bursa

die Vacidiye Medresesi, in der ein kunsthandwerkliches Museum eine interessante Fayence-Sammlung zeigt. Sie liegt neben der Ulu Cami, der großen Moschee aus dem frühen 15. Jahrhundert. Ihr Dach ruht auf Marmorsäulen aus der antiken Stadt Aizanoi.

Alle Damen der europäischen Fürstenhöfe kannten die osmanische Stadt Bursa, etwa 30 Kilometer östlich der Marmaraküste gelegen. Denn die dort gewebte Seide zählt seit Jahrhunderten zu den feinsten der Welt. Bursa-Seide ist bis heute berühmt; sie wird unter anderem für die Herstellung der Seidenteppiche aus Hereke wenig östlich von Istanbul verwendet. Den Rohstoff liefern die in Maulbeerbäumen gezüchteten Seidenraupen. Ihre Kokons liegen in hohen Haufen auf dem Markt vor dem Zentrum des Seidenhandels Koza Hanı, wo sie bewertet und gehandelt werden.

Das Eskişehir-Tor bildet einen der vier Zugänge von Iznik

Stelen mit Turbanen schmücken kunstvolle Gräber

Hinter dem Hauptplatz an der Atatürk Caddesi häufen sich die Sehenswürdigkeiten: das Backsteinhaus der Stadtverwaltung, ferner die 1421 fertiggestellte Ulu Camii mit ihren einzigartigen Kalligraphie-Tafeln sowie eine Reihe ehemaliger Karawansereien und Hans (Handelshöfe), in denen seit Jahrhunderten Geschäfte betrieben werden.

In Bursa, das 1326 erste Hauptstadt der Osmanen wurde, begegnet man auf Schritt und Tritt den Zeugnissen dieser großen Epoche. Ein Beispiel ist der Yeşil-Komplex im Osten der Stadt. Das Grabmal Sultan Mehmets I. ist wie die Yeşil Camii (Grüne Moschee) aus dem Jahr 1420 und die Yeşil Medrese (Grüne Koranschule) mit türkisfarbenen Fayencekacheln geschmückt. Die Anordnung der Yeşil Camii entspricht dem sogenannten Bursa-Typ; die Gebäudeteile formen ein auf dem Kopf stehendes T. Ein beliebter Treffpunkt in diesem Viertel sind die Teehäuser. Im altosmanischen Stil eingerichtete Cafés liegen im oberen Stadtteil Tophane unweit der Ressamlar Sokağı, der Straße der Maler. Dort kann man vor allem am Wochenende den Künstlern bei der Arbeit über die Schulter schauen. Nicht weit ist es von dort zum Muradiye-Bezirk. In einem blumenreichen Garten liegen weitere Grabbauten, wie auch auf dem benachbarten islamischen Friedhof, des-

Sommer am Iznik Gölü – eine Platane spendet Schatten

Von Izniks großer Vergangenheit zeugen die vier mächtigen Stadttore, die der römische Kaiser Hadrian erbauen ließ, sowie die kleine Hagia Sophia, die Konzilskirche. Auch diese Stadt hat sich auf den Tourismus eingestellt, mit Pensionen und kleinen Stränden am See.

Bursa, wo die Altstadthäuser am Berghang zu kleben scheinen, war die Heimat der Schattenspielschelme Karagöz und Hacıvat. Sie ärgerten den Sultan Orhan im 14. Jahrhundert mit ihren Aufführungen derart, daß er sie köpfen ließ. Doch die Kunst der Schelme setzte sich bis heute fort.

Wohnhaus in der Altstadt von Bursa

Der Kapalı Çarşı ist eines der Einkaufszentren in Bursa

Bursa spielte lange Zeit eine wichtige Rolle für das Schattentheater

Altes Fachwerkhaus in Sölöz

Störche nisten auf der Hagia Sophia in Iznik

sen kunstvoll gemeißelte Stelen von Turbanen gekrönt sind. Weiter westwärts, vorbei am Kulturpark, führt die Straße in den Stadtteil Çekirge mit Hotels und vor allem den Bädern.

In Bursa, mit dem Uludağ im Rücken größtes Wintersportzentrum des Landes, sprudeln zahlreiche Thermalquellen. Kurgäste kommen sogar aus den arabischen Emiraten. Fast alle Hotels haben eigene Badeabteilungen, manche in alten Prachtbauten. Das schönste besitzt das Kervansaray Termal Oteli. Sein osmanisches Hamam ist marmorverkleidet und wird von einer mächtigen Kuppel gekrönt.

Iznik: Auf der Hagia Sophia nisten heute die Störche

An der Straße nach Çekirge steht ein Denkmal, das den aus Bursa stammenden Schattenspiel-Schelmen Karagöz und Hacıvat gewidmet ist. Heute treiben sie kaum noch ihre Späße, die alte Kunst des Schattentheaters ist fast ausgestorben.

Über viele Serpentinen führt der Weg von Bursa nach Iznik. Die Stadt und der gleichnamige See mausern sich zum beliebten Ferienort; die neue Strandpromenade und die ersten Hotels dahinter zeugen davon. Im ehemaligen Nicäa siedelten sich bereits im 2. Jahrtausend v. Chr. die Phrygier an. Viele Heerscharen marschierten seitdem durch die Stadt. Deren Mauern wurden 123 n. Chr. jedoch erst von einem Erdbeben zerstört; Roms Kaiser Hadrian ließ sie wieder aufbauen. Fast unversehrt umschließen sie den Altstadtkern. In byzantinischer Zeit war Nicäa im Jahr 325 Schauplatz des ersten Ökumenischen Konzils. Auf der kleinen Hagia Sophia, in der es abgehalten wurde, nisten heute Störche. Sie scheinen sich in der Stadt mit dem nahen See besonders wohl zu fühlen, denn ihre Nester findet man in luftiger Höhe auch auf den Moscheen. Nach türkischer Volksmeinung bringen sie Glück.

Die Seldschuken errichteten im Jahr 1078 in Nicäa ein Emirat. Osmanen, die die Stadt 1331 eingenommen hatten, siedelten um 1500 persische und armenische Töpfer an. Sie begründeten die bis heute berühmte Iznik-Manufaktur. Ihre schönsten Beispiele sind im Topkapı-Sarayı und in der Blauen Moschee von Istanbul zu bewundern.

Afyon

Zentrum des ägäischen Hinterlandes mit sehenswerter Altstadt.

Anfahrt: Mit dem Linienbus aus allen Richtungen und mit der Bahn ab Izmir (dreimal täglich).

Sehenswürdigkeiten: Die Zitadelle, zu der von der oberen Altstadt aus nur ein Fußweg führt; hier auch die Ulu Cami von 1272. Nahe dem Zentrum die größte Moschee der Stadt, die 1472 von den Osmanen errichtete Imaret Camii mit einem spiralförmig verzierten Minarett, Armenküche und Badekomplex.

Unterkunft: Die beiden besten Hotels (Mittelklasse) liegen am Hauptplatz: Ece Oteli, Ordu Bulvarı No. 2, Tel. 16070, und Orucoğlu Oteli, Bankalar Caddesi, Tel. 20120.

Ausgehen: Eine gute Küche hat das Ikbal Lokantası, Uzun Çarşi No. 21. Empfehlenswert: Tandır Kebabı, Lamm aus dem Ofen, und das Dessert Ekmek Kadayıfı mit Kaymak (süßlicher Rahm). In der gleichen Straße Lokum-Läden mit der Spezialität aus Gelee und Nüssen.

Ausflüge: Zu den Kultstätten der Phryger. Sie liegen nördlich von Afyon in einem Radius von etwa 50 Kilometern, sind allerdings schwer zu finden und größtenteils nur über Feldwege zu erreichen. Organisierte Ausflüge gibt es nicht. Vor dem Start in der Touristikinformation beraten lassen.

Zu den Kultstätten führen ab der Gabelung bei Gazlıgöl zwei Straßen. Über die eine gelangt man zur Westgruppe bei Ihsaniye, über die andere zur Ostgruppe vor Seyitgazi. Um zur Westgruppe zu gelangen, fährt man von Ihsaniye weiter bis zum Dorf Döğer (mit osmanischer Karawanserei). Dort einen Dorfbewohner fragen oder einen Führer mitnehmen, der den Weg zum Löwenfelsen Arslankaya (drei Kilometer) und zum Fels der Kybele, Büyük Kapıkaya (nochmals zwei Kilometer), kennt. Interessant sind die Dorfhäuser, zum Teil mit geschnitzten Holztoren.

Auf dem Weg zur Ostgruppe zweigt fünf Kilometer hinter der Gabelung ein Seitenweg nach Ayazini ab. Wie im mittelanatolischen Kappadokien sind dort Kirchen und Wohnungen in Tuffgestein gebaut. In byzantinischer Zeit hieß der Ort Metropolis und war Bischofssitz. Rundum liegen Mohnfelder. Wieder auf der Straße nach Seyitgazi führt nach zwei Kilometern ein Feldweg nach Arslantaş, einem zerborstenen Löwengrab, sowie nach Yılantaş, einem riesigen Kammergrab und nach Maltaş, einer Grabfassade mit Mäandermotiven. Midas Şehri, die Ruinen einer phrygischen Stadt mit dem berühmten Midas-Monument, liegen beim Dorf Yazılıkaya, östlich der Straße. Von dort aus gelangt man in nördlicher Richtung nach Kümbet mit dem sogenannten Solongrab, zwei Kultstätten und einer seldschukischen Türbe.

Information: Turizm Danışma, Ordu Bulvarı, Tel. (9-491) 1 52 71.

Kütahya

Für ihre Keramik- und Fayencemanufaktur bekannte Stadt.

Anfahrt: Ab Bursa oder Afyon mit dem Linienbus.

Sehenswürdigkeiten: Die Zitadelle mit mächtigen Mauern und Rundtürmen sowie einem Panorama-Restaurant. Außer der Ulu Cami und dem Museum das Kossuth Konağı in der Nähe, ein typisch osmanisch eingerichtetes Haus (Museum). Wer zusehen möchte, wie Fayencen hergestellt werden, frage im Laden von Sıtkı Olçar oder in einer der Manufakturen an der Stadteinfahrt.

Ausflüge: Auf dem Weg nach Gediz die antike Stadt Aizani (auch Aizanoi/Aesani) beim Dorf Çavdarhisar. Die römische Brücke führt zu einem der besterhaltenen Tempel der Türkei. Das Jupiter-Heiligtum liegt auf einer Terrasse über einem Tonnengewölbe. Die Stadt wurde im 1. Jh. v. Chr. gegründet.

Unterkunft: Im Zentrum das Yüksel Oteli, Cumhuriyet Caddesi, Tel. 15297,

Von Kacheln geschmückter Brunnen in Kütahya

und das Gül Palas I Oteli, Belediye Meydanı, Tel. 11233.

Information: Turizm Danışma, Vilayet Binası, Tel. (9-231) 31962.

Bursa

Stadt unweit des Marmara-Meeres; Wintersport-Zentrum.

Anfahrt: Es gibt gute Busverbindungen.

Sehenswürdigkeiten: Viele historische Bauten, vor allem der Yeşil-Komplex. Das Archäologische Museum im Kulturpark; das Denkmal für die Schattenspiel-Schelme Karagöz und Hacıvat an der Çekirge Caddesi sowie alte Schattenfiguren im Ethnografischen Museum in der Yeşil Medrese.

Unterkunft: Hotels im Stadtteil Çekirge und im Zentrum. Besonders komfortabel das Kervansaray Termal, Çekirge Meydanı, Tel. 35300. Eintritt in das historische Bad für Nicht-Gäste gegen Gebühr. Preiswerter ist das Diyar Oteli, Çekirge Caddesi 47, Tel. 209786.

Souvenirs: Seidenstoffe und Tücher am Koza Han; kandierte Kastanien.

Ausflüge: In den Uludağ Nationalpark am 2543 Meter hohen Gipfel Karatepe, 35 Kilometer vom Zentrum entfernt. Wichtigstes Wintersportgebiet der Türkei mit Hotels und Skiliften. Vom Busbahnhof fahren Minibusse dorthin.

Information: Turizm Danışma, Ulu Cami, Parkı No. 1, Tel. (9-24) 212959.

Iznik

Einst Zentrum der Keramikmanufaktur, wachsender Ferienort.

Anfahrt: Gute Busverbindungen.

Sehenswürdigkeiten: Die Hagia Sophia, im 6. Jahrhundert unter Kaiser Justinian errichtet, später in eine Moschee umgewandelt. Hier kreuzen sich die Straßen, die zu den Toren der alten Stadtmauer führen. Ferner das Nilüfer Hatun Imareti, ein Stiftungskomplex mit dem Museum, vor allem mit Iznik-Keramik. Man versucht, das Handwerk neu zu beleben.

Unterkunft: An der Uferpromenade das Berlin Motel, Tel. 73355; das Çamlık Motel an der gleichen Straße, Tel. 71362.

Veranstaltungen: Markt und Öl-Ringkämpfe am 1. Oktoberwochenende.

Information: Turizm Danışma, Kılıcarslan Caddesi No. 168, Tel. (9-2527) 1933.

Dieses Löwenrelief schmückte einst das riesige Kammergrab Yılantaş

Löwenfelsen in Arslankaya

Ulu Camii in Afyon

Steinerne Löwen bewachten im Land der Phrygier die Behausungen der Muttergöttin Kybele. Schatzsucher haben viele dieser Relikte aus der Antike bereits zerstört. Von hölzernen Säulen wird die alte Hallenmoschee in Afyon gestützt, während der Sarkophag von Osman Gazi, dem Gründer des osmanischen Reiches, und seines Sohnes Orhan in einer Türbe inmitten eines kleinen Parks von Bursa steht.

Schwätzchen im Cafégarten am Uhrturm

Die Türbe von Osman I. in Bursa

ISTANBUL **Quirlige Weltstadt
auf zwei Kontinenten**

*Istanbul ist die einzige Stadt auf zwei Kontinenten –
der Bosporus trennt die Metropole in den europäischen
und den asiatischen Teil. Auf der Wasserstraße,
hinter der sich der Sultanspalast erstreckt, herrscht stets
ein Gewimmel von Schiffen. Wer die Stadt
für sich erschließen möchte, sollte sich einige Minuten
zu den Anglern auf die Galata-Brücke stellen.*

94

Die Türbe Süleymans des Prächtigen

Çiçek Pasajı, überdachte Passage nahe Taksim

Die Yeni Valide Camii am Goldenen Horn

Bauten aus oströmi-scher, byzantinischer und osmanischer Zeit befinden sich noch in der Altstadt von Istanbul. Auf der anderen Seite des Goldenen Horns wohnten seit alters her die Europäer in den Stadtteilen Pera und Galata. Sie besaßen einst Boulevards und Ladenpassagen wie Paris oder London. Heute bemüht sich die Stadt, die herunterge-kommenen Viertel zu restaurieren und ihnen zu ihrem alten Ansehen zu verhelfen. Touristen lassen sich gern vom Hauch des Orients im Ägypti-schen Basar bezau-bern. Auch eine Dampferfahrt auf dem Bosporus, vorbei am Leanderturm und an den Holzvillen mit filigranen Schnitzerei-en gehört zum übli-chen Besichtigungs-programm.

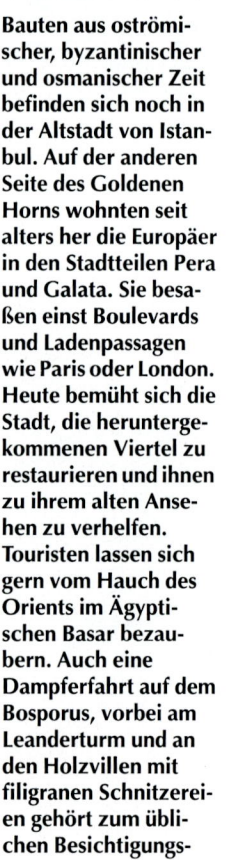

Alter Sommersitz eines reichen Städters

Laden im Ägyptischen Basar

Minarette von nahezu tausend Moscheen gleißen in der Morgensonne. Endlose Autoströme wälzen sich auf den beiden Brücken über den Bosporus, jene natürliche Wasserstraße, die Europa von Asien trennt. Diese Brücken sowie kleine Fährboote sind die einzige Ost-West-Verbindung in der auf beiden Kontinenten liegenden Stadt.

Dichtes Gedränge herrscht zu dieser frühen Stunde schon in den Başaren. Lastenträger schleppen auf ihren Rükken Nachschub für die Händler: hochgetürmte Paletten mit Obst, Tomaten und Petersiliebergen, mit Teppichen und Stoffballen. Taxen erkämpfen sich hupend einen Weg durch Staus und Verkehrsknäuel, während sich an den Anlegestellen bei Eminönü Passagiere auf dem Weg zur Arbeit drängen.

Die Saray-Halbinsel: ein einziges, riesiges Museum

Elf Millionen Einwohner zählt Istanbul, täglich werden es mehr. Jeder neue Tag beginnt mit einem Kampf im ständig zunehmenden Verkehr, mit steigenden Umweltproblemen, die durch das rapide Wachstum der Stadt entstehen. Trotz allem bleibt Istanbul faszinierend und einmalig.

Der Kız Kulesi oder Leanderturm im Bosporus

Erfrischung verkauft der Limonadenverkäufer

Wie Rom liegt diese Metropole auf sieben Hügeln. Sie besitzt mindestens so viele Sehenswürdigkeiten wie die Tiberstadt, die 324 v. Chr. vom damaligen Konstantinopel als Regierungssitz des Römischen Reiches abgelöst wurde. Damit begann eine Glanzzeit, die sich nach der Teilung des Reiches und auch nach der Eroberung durch die Türken im Jahr 1453 fortsetzte. Sie benannten Konstantinopel um in Istanbul. Die Saray-Halbinsel zwischen Marmarameer, Goldenem Horn und Bosporus gleicht heute einem einzigen großen Museum. Von ihr aus wurden Weltreiche beherrscht, wurde regiert und repräsentiert.

Wer Istanbul zum ersten Mal besucht, sollte sich einige Minuten zu den Anglern auf die zweigeschossige, 1912 von der deutschen Firma MAN gebaute Galata-Brücke stellen. Sie verbindet die Saray-Halbinsel mit dem Stadtteil Karaköy. Der Blick in Richtung Bosporus bietet eine immerwährende Abwechslung: Passagierschiffe und Ausflugsdampfer stoßen schwarze Rauchwolken aus, und auf Fischerbooten, stets von unersättlichen Möwen umkreist, braten in großen Pfannen Fische. Noch heiß werden sie an die Passanten am Kai verkauft. Den Platz auf der zum Stadtteil Eminönü gehörenden Saray-Seite prägt die mächtige Yeni Cami, die neue Moschee. Taubenschwärme wie vor St. Markus in Venedig bevölkern ihren Vorplatz.

Direkt daneben liegt der Mısır Çarşısı (Ägyptischer Basar) mit einem alten Marktgebäude. Seine Stände ziehen sich über die dahinter liegenden Gassen hinauf bis zum Großen Basar, dem Kapalı Çarşı. Unten wird mit Wurst, Käse, Nüssen, Fisch, Fleisch, Obst und vor allem Gewürzen gehandelt, während sich in der oberen, überdachten Warenstadt in einem Labyrinth aus 65 breiten Straßen und engen Gassen 4000 Läden mit Gold, Teppichen, Antiquitäten, Leder, Stoffen und Kupferzeug drängen.

In der Kunst des Feilschens üben sich auch Touristen

Im allseits geübten Brauch des Feilschens versuchen sich auch die Touristen. Sie sind meist stolz, ein Schnäppchen um dreißig Prozent billiger zu ergattern. Ein Abschluß, der auch die Händler zufriedenstellt, denn ihnen bleibt so noch ein saftiger Gewinn.

Der Turm des Harems markiert den Topkapı-Bereich, den Palast. Nördlich schließt sich an ihn die Altstadt an. Die Minarette der Süleymaniye- und der Fatih-Moschee kommen ins Bild. Auffallend ist auch der barocke Beyazıt-Turm, 1823 als Feuerwachturm errichtet, um die häufigen Brände der damals meist

Unterirdischer Wasserspeicher Yerebatan Sarayı

Kapalı Çarşı, der Große Basar

Reich geschmückt: Innenraum der Blauen Moschee . . .

Die Höhepunkte des Aufenthalts in Istanbul sind ein Besuch der Blauen Moschee, des Topkapı Sarayı (Sultanspalast) sowie des Großen Basars mit seinen etwa 4000 Läden in 65 überdachten Straßen und Gassen.

. . . und deren Innenhof

Der Harem im Sultanspalast (Topkapı Sarayı)

Besucher im Bağdat Köşkü des Sultanspalastes

Der Theodosius-Obelisk im Hippodrom

chen Kaiser Konstantin errichtet. Der mächtige rote Bau mit wuchtigen Stützmauern und später zugefügten Minaretten wirkt von außen eher plump. Erst im riesigen, lichtdurchfluteten Innenraum unter der durch Bogenwerke fast schwerelos erscheinenden Zentralkuppel erschließt sich ihre Großartigkeit. Nur wenige Schritte sind es von ihr zur Sultan Ahmet Moschee. Der Kachelschmuck im Innern gab ihr den Namen »Blaue Moschee«; blau-grüne, mit Ornamenten und Blumen verzierte kostbare Fliesen und das durch bunte Fenster einfallende Licht verbinden sich zu geheimnisvoller Farbharmonie. Die Irenenkirche, das Hippodrom, die Yerebatan-Zisterne sowie die Rüstem Paşa- und Süleymaniye-Moscheen sind weitere wichtige Sehenswürdigkeiten in diesem Stadtteil.

Ewig volle Busse keuchen die Straßen von Beyoğlu hinauf

Um ihn zu beleben und seine historische Bedeutung zu erhalten, wurden in den letzten Jahren alte Holzhäuser vor dem Verfall gerettet, restauriert und zu schmucken Pensionen umgebaut. Doch ist dieses Viertel kein steriler Museumsbereich. Wie eh und je keuchen altertümliche, ewig volle Busse mühsam von den Dampferanlegestellen die Straßen zum Sultan-Ahmet-Platz hinauf. Altstadtgassen, ein modernes Zeitungsviertel, der nahe Basar, Kebap-Lokale, Buchhändler und Friseure sorgen für eine echt orientalische Mischung im Straßenbild.

Ohne Zweifel ist die 700 000 Quadratmeter große Palastanlage Topkapı Sarayı die aufregendste Sehenswürdigkeit der Stadt. Fast 400 Jahre lang war sie Schauplatz größter Machtentfaltung und düsterer Machenschaften. Den ersten Palast, der mehr einer Festung ähnelte, errichtete Mehmet II., »der Eroberer« in den Jahren 1457/58 auf den Grundmauern der vorrömischen Akropolis. Unter Süleyman dem Prächtigen wurde er ausgebaut und erhielt einen Harem.

Jeder nachfolgende Herrscher erweiterte die Anlage um neue Paläste und Pavillons, so daß daraus zuletzt eine verschachtelte Stadt in der Stadt wurde. Zeitweise lebten, wie der Chronist Evliya Çelebi um 1640 berichtete, 40 000 Menschen eng beieinander, getrennt

aus Holz gebauten Häuser rasch zu entdecken. Auf der Eminönü gegenüberliegenden Seite ragt aus dem ansteigenden, ehemaligen Europäerviertel Beyoğlu der Galata-Turm heraus. Im 14. Jahrhundert errichteten ihn Genueser ebenfalls als Feuerwache.

Die Halbinsel gegenüber Beyoğlu ist das Herz Istanbuls. Paläste, Kirchen und Moscheen, die Prachtbauten aus römischer, byzantinischer und osmanischer Zeit konzentrieren sich dort. Das Topkapı Sarayı, die ausgedehnte Palastanlage der Sultane, beherrscht die Spitze der Landzunge. Nahebei steht die Hagia Sophia, die Kirche der Heiligen Weisheit, ab 325 vom ersten christli-

98

Der ziegelrote Anstrich ist das Erkennungsmerkmal der Hagia Sophia

Seit 1935 dient die Hagia Sophia als Museum

Bekannt für Freskenschmuck: die Kariye Camii

nach Rang und Stellung: der Sultan, sein Harem, Eunuchen, Beamte, Diener, der Regierungsstab.

Im Stadtteil Ortaköy, einem von Studenten bevorzugten, hübschen Viertel, spannt sich die erste Brücke über den Bosporus; sie wurde 1973 vollendet. 1989 folgte knapp fünf Kilometer weiter nördlich eine zweite. Beide Übergänge sind über einen Kilometer lang.

Oberhalb von Ortaköy liegt als grüne Oase der Yıldız-Parkı. Selbst an heißen Tagen sitzt man dort luftig und genießt dabei eine schöne Aussicht. Weiter nördlich bei Arnavutköy fallen die für den Bosporus typischen Yalıs auf. Diese weißen Holzhäuser mit filigranen Schnitzereien, im vorigen Jahrhundert Sommersitz reicher Städter, werden jetzt nach und nach restauriert.

In den alten Vierteln Galata und Pera (heute Beyoğlu) bauten im 16. Jahrhundert europäische Diplomaten und Handelshäuser ihre Residenzen, Büros und Kirchen. Einen neuen Aufschwung erlebte Beyoğlu, als im 19. Jahrhundert europäische Kultur in Mode kam. Große Varieté-Theater, Casinos und glasüberdachte Einkaufspassagen entstanden, auch das legendäre Pera-Palas-Hotel, das durch prominente Gäste, die mit dem Orient-Expreß eintrafen, zu Ruhm gelangte.

Beste Reisezeit für Istanbul sind Frühling und Herbst. Der Sommer bringt häufig Schwüle, der Winter Schnee und Smog. Ein Kurzbesuch nach dem Urlaub an der Küste erlaubt, nur das Wichtigste zu besichtigen: die Altstadt mit Topkapı-Bereich und den Bosporus. Zum flüchtigen Kennenlernen der Stadt sollte mindestens eine Woche eingeplant werden.

Anfahrt: Von der Ägäis fährt man mit dem Auto über Bursa, weiter nach Yalova (70 Kilometer); von dort bei Topçular mit der Fähre über das Marmara-Meer nach Eskihisar. (Abfahrt jede halbe Stunde.) Die mögliche Route um die Bucht von Izmir ist äußerst nervenaufreibend. Mit dem Zug und Bus ist Istanbul ebenfalls gut zu erreichen.

Öffentliche Verkehrsmittel: Linienbusse: Städtische sind rot-weiß, private blau-weiß; Fahrkarten müssen am Kiosk oder bei Privatpersonen, die an den Haltestellen damit kleine Geschäfte machen, gekauft werden. Das Fahrtziel steht auf einem Schild an der Windschutzscheibe. Die Busse sind meist voll, langsam, doch preiswert. Zentrale Haltestellen liegen in Eminönü, Beyazit, Aksaray und am Taksim-Platz. Dolmuş-Sammeltaxen verkehren zwischen Taksim-Platz und Sirkeci, Şişli-Sirkeci, Taksim-Aksaray und Sirkeci-Aksaray. Eine Stadtbahn-Linie besteht zwischen Bahnhof Sirkeci und Florya am Marmara-Meer. Die kürzeste U-Bahn der Welt verbindet Karaköy/Tersane Cad. und Tünel/Istiklal Cad. Fährverbindungen zur asiatischen Seite ab Sirkeci Feribout Iskelesi nach Harem oder ab Karaköy Vapur Iskelesi nach Haydarpaşa und Kadiköy.

Sehenswürdigkeiten der Altstadt:

Hippodrom (At Maydanı): Von den Römern 203 erneuerte Rennbahn, unter anderem mit Theodosius-Obelisk.

Blaue Moschee (Sultan Ahmet Camii): 1609 am Platz eines byzantinischen Kaiserpalastes erbaut. Innen mit blauen und grünen Iznik-Fliesen ausgestattet. Sie besitzt sechs Minarette.

Hagia Sophia (Ayasofya Müzesi): Von den Osmanen in eine Moschee umgewandelte Kirche, seit 1935 Museum. 56 Meter hohe Kuppel. Die z. T. goldfarbenen Mosaiken sind noch in Fragmenten erhalten. (Geöffnet: di bis so, 9 bis 17 Uhr.)

Zisterne (Yerebatan Sarayı): »Versunkener Palast« genanntes Wasserreservoir aus dem 6. Jahrhundert, 1987 restauriert; 140 mal 70 Meter groß. Die Decke wird von 326 Säulen in 26 Reihen getragen. Im hinteren Teil als Säulenbasis ein Kopf der Medusa. (Geöffnet: tgl. 8.30 bis 17 Uhr.)

Sultanspalast (Topkapı Sarayı): Außergewöhnliche Sammlungen der Sultane in den meisten Sälen. Viele Moslems kommen, um die hinter Panzerglas gesicherten Reliquien Mohammeds zu sehen. Besichtigung des Harems nur mit Führung (10 bis 16.30 Uhr). Tip: Möglichst früh kommen! (Geöffnet: mi bis mo, 9.30 bis 17.30 Uhr.)

Archäologisches Museum (Arkeoloji Müzesi): Antike Funde in 34 Sälen, u. a. Alexandersarkophag (4. Jahrhundert v. Chr.) und einige Schmuckstücke des trojanischen Schatzes. (Geöffnet: di bis so, 9.30 bis 17 Uhr.)

Fayencenmuseum (Çinili Köşk): Das 1472 erbaute Schlößchen beherbergt eine Sammlung Fayencen verschiedener Epochen, vor allem aus Iznik. (Geöffnet: di bis so, 9.30 bis 17 Uhr.)

Irenenkirche (Aya Irini Kilisesi): Älteste, 347 erbaute Kirche Konstantinopels, mehrfach umgebaut. Heute Konzertsaal und Ausstellungshalle.

Museum für türkische und islamische Kunst (Türk ve Islam Eserleri Müzesi): In einem der größten Privatpaläste der osmanischen Zeit werden Teppiche, Miniaturen, Koranhandschriften u. a. gezeigt. (Geöffnet: täglich 10 bis 17 Uhr.)

Feuerwachturm (Beyazıt Kulesi): An der Universität gelegener Turm, von dem man (260 Stufen!) einen schönen Rundblick über die Stadt hat. Am Beya-

Zimmer im Harem des Sultanspalastes

zıt-Platz liegt auch der Eingang zum Bücherbasar (Sahaflar Çarşısı).

Süleymaniye-Moschee: Schönste Moschee Istanbuls, nördlich der Universität auf einem Hügel im Holzhäuser-Viertel gelegen. 138 farbige Fenster.

Fatih-Moschee: Auf einem Hügel nordwestlich des Aquäduktes im besonders religiösen Bezirk gelegen, nach einem Erdbeben 1766 in barockem Stil neu errichtet.

Erlöserkirche des Chora-Klosters (Kariye Camii): Liegt an der nördlichen Stadtmauer nahe dem Edirne-Tor. Faszinierende Mosaiken und Fresken. (Geöffnet: mittwochs bis montags, 9.30 bis 16.30 Uhr.)

Rüstem Paşa-Moschee: Eine der interessantesten Moscheen Istanbuls aus der zweiten Hälfte des 16. Jahrhunderts. Sie liegt versteckt im Gassengewirr am Ägyptischen Markt bei den Blechschmieden (Sobacılar Çarşısı); man muß sich durchfragen.

Dolmabahçe-Palast: Sultansresidenz auf europäischer Seite des Bosporus. 1856 erbaut. Zur Ausstattung der 328 Räume wurden 14 Tonnen Gold und 40 Tonnen Silber verwendet. (Geöffnet: mi bis so, 9 bis 16 Uhr.)

Galata-Turm (Galata Kulesi): Wahrzeichen der Stadtteile Galata und Beyoğlu. Von der Galerie (Treppen oder Aufzug) ein einmaliger Blick über die Stadt.

Unterkunft: Die meisten Touristenhotels mittlerer Preislage liegen im Stadtteil Aksaray/Laleli, in der Altstadt. Einfache Unterkünfte im Sultanahmet-Bezirk, die meisten Spitzenhotels um den Taksim-Platz.

Zu empfehlen sind: Kariye Oteli (Kariye Camii Sok. No 18, Tel. 524 88 64): Von Türk Touring restauriertes Holzpalais nahe der Erlöserkirche, ruhig, nostalgisch eingerichtet. Yeşil Ev (Grünes Haus, Kabasakal Sok. 5, Tel. 528 67 64): Ebenfalls restauriert im Stil des 19. Jahrhunderts, nahe Sultanahmet (Luxusklasse). Pera Palas Oteli (Meşrutiyet Cad. 98, Tel. 151 45 60): Traditionsreiches Luxushotel. Wer nicht übernachtet, sollte in ihm zumindest einmal Tee trinken.

Preiswertere, gute Touristenhotels: Tamsa Oteli (Namık Kemal Cad., Manastırlı Rıfat Sok. 33, Alksaray, Tel. 529 50 30). Gezi Oteli (Mete Cad. 42, Tel. 151 74 30, am Taksim-Platz gelegen). Nazar Oteli (Ordu Cad., Yeşil Tulumba Sok. 17, Aksaray, Tel. 526 80 60).

Im Großen Basar bieten Hunderte von Läden Waren aller Art an

Ausgehen: Restaurant Pandelli (Mısır Çarşısı, Eminönü, Tel. 522 55 34): im zweiten Stock des Marktgebäudes; traditionelle, feine türkische Küche, mittlere Preise; geöffnet 11 bis 16 Uhr. Tarini Halk Köftecisi (Divan Yolu 12, Sultanahmet): seit Generationen berühmt für Köfte, Hackfleischröllchen; gut, preiswert, kein Lokal zum langen Sitzen; geöffnet 11 bis 20 Uhr. Hacıbaba Restaurant (Istiklal Cad. 49, Tel. 144 18 86): nahe Taksim-Platz, reiche Auswahl traditioneller Gerichte, mittlere Preise. Beyti Lokantası (Orman Sokağı, Florya, Tel. 673 93 73): außerhalb am Marmara-Meer (Zugverbindung ab Bahnhof Sirkeci, Eminönü); beste Fleischgerichte von Istanbul; etwas teurer. Hacı Bozan Oğulları, Konditorei mit Filialen im Stadtteil Aksaray: viele Sorten von Baklava, preiswert. Ebenfalls in Aksaray im Ramada-Hotel türkische Süßigkeiten bei Koska.

Am Bosporus, europäische Seite: Yeni Köşk (Arnavutköy, 1. Cad. 82, Tel. 163 25 74): gute Vorspeisen, Fisch, nicht teuer. Metin (Iskele Cad. 31, Sarıyer, Tel. 142 35 17): gutes Fischlokal, preiswert. Asiatische Seite: Körfez Restaurant (Körfez Cad. 78, Kanlıca, Tel. 332 01 08): eine der besten Adressen; feinster Fisch, schönes Ambiente, teuer; Reservierung empfohlen.

Abends: Kumkapı-Viertel am Marmara-Meer mit Fischlokalen in den Gassen, beliebt für unterhaltsame Abendessen; mittlere Preise. Olympiyat II (unterhalb der Galata-Brücke): viele Touristen, gute Meze, Fisch, Musik; mittlere Preise. Sarnıç-Restaurant (Soğukçeşme Sokağı, Tel. 513 36 60): nahe Sultanahmet, romantisch, durchschnittliche türkisch-europäische Küche, etwas teurer; Reservierung empfohlen.

Einkaufen: Kapalı Çarşı: großer bedeckter Basar, Labyrinth aus Einkaufsstraßen; einer der vielen Eingänge an der Universität/Beyazıt Camii. Im Basar auch Postamt, Restaurants, kleine Moscheen, Banken und Toiletten (eine saubere neben der Iş Bankası). Geöffnet werktags 8 bis 19 Uhr.

Mısır Çarşısı (Ägyptischer Basar): großes Marktgebäude in Eminönü mit Lebensmitteln und Gewürzen, aber auch Schmuck und Wasserpfeifen. Geöffnet werktags von 8 bis 19 Uhr. Auf den Marktständen im Freien wird bis spät am Abend verkauft.

Balık Pazarı (Çiçek Pasajı, Eingang Istiklal Cad., Beyoğlu): Fischmarkt, Gemüse u. a.; geöffnet 9 bis gegen 20 Uhr. Elegante Geschäfte in der Istiklal Cad. in der Rumeli Cad., Stadtteil Nişantaşı, nördlich vom Taksim-Platz.

Ausflüge: Bosporus Ausflugsdampfer, tgl. ab Anlegestelle Eminönü, 10.30 und 13.30 Uhr; sehr kurzer Halt in den Bosporus-Orten. Oder mit Linien-/Minibus ab Taksim-Platz entlang der europäischen Seite bis Sarıyer oder an der asiatischen Seite mit der Fähre von Karaköy nach Üsküdar, von dort weiter mit dem Linienbus.

Prinzeninseln (Adalar) im Marmara-Meer: Vier von ihnen können besucht werden; sie liegen 20 bis 30 Kilometer von Istanbul entfernt, beliebt als Ausflugsziel auch bei den Einheimischen. Dampfer (klappert alle ab) von Eminönü etwa alle zwei Stunden. Am beliebtesten ist Büyük Ada mit schönen alten Holzhäusern, keine Autos, dafür hübsche Pferdedroschken. An der Hafenpromenade gute Fischlokale; Strände im Süden und Südosten der Insel.

Veranstaltungen: Kunst- und Kulturfestspiele mit Ausstellungen und internationalen Gastspielen (Musik, Theater, Tanz) im Juni/Juli. Internationale Filmtage im April. Kunstbienale im September/Oktober in ungeraden Jahren.

Strände: Noch recht sauber sind die Strände am Schwarzen Meer bei Kilyos, 38 Kilometer nördlich von Istanbul, im Sommer recht voll. Busverbindung ab Taksim-Platz.

Information: Turizm Danışma im Atatürk-Flugplatz, Yeşilköy, Tel. (9-1) 573 73 99/573 41 36; im Hafengebäude, Karaköy, Tel. (9-1) 149 57 76; am Sultanahmet-Platz, Divanyolu Cad. 3 (hinter der Bushaltestelle), Tel. (9-1) 513 34 28; im Eingang vom Hilton Hotel, Nähe Taksim-Platz, Tel. (9-1) 133 05 92.

Baklava ist ein beliebtes türkisches Gebäck

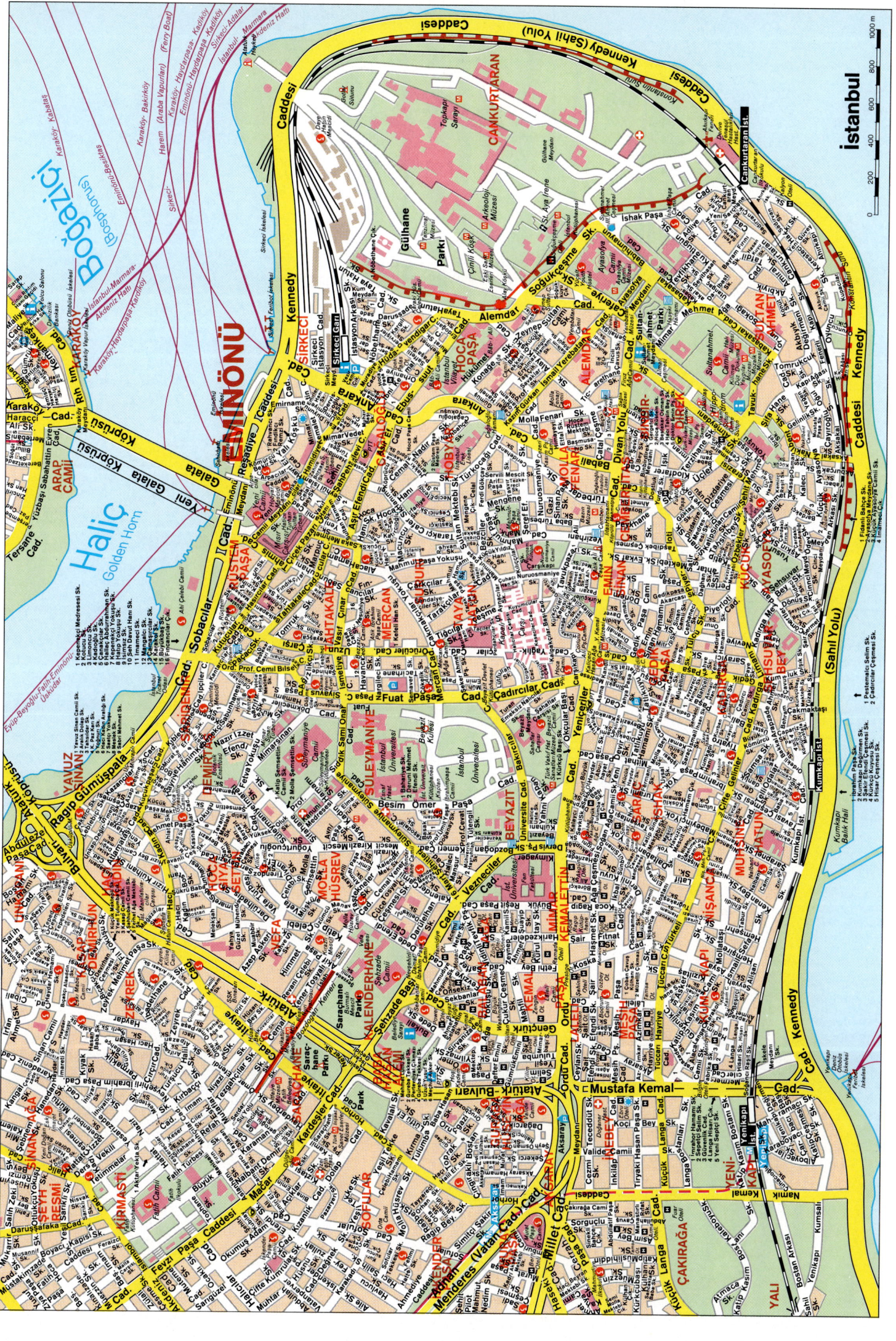

Allgemeine Reise-Informationen

Adressen

Informationsabteilung des Türkischen Generalkonsulats, Karlsplatz 3, 8000 München 2, Tel. 089/59 49 02; Informationsabteilung des Türkischen Generalkonsulats, Baseler Str. 37, 6000 Frankfurt, Tel. 069/23 30 81.
Deutsche Botschaften und Konsulate in der Türkei: Atatürk Bulvarı No. 114, Çankaya/Ankara, Tel. (9-4) 1265465; İnönü Cad. 16-18, Ayazpaşa/Istanbul, Tel. (9-1) 1515404-07; Atatürk Cad. No. 260, Izmir, Tel. (9-51) 216995-96.

Anreise

Flugzeug: Linienflüge der Turkish Airlines, der Lufthansa und anderer europäischer Fluggesellschaften täglich nach Istanbul, an bestimmten Tagen und in den Sommermonaten nach Izmir und Dalaman. Ferner viele Charterflüge. Flughäfen für die Ägäisküste sind Izmir und Dalaman während der Sommersaison. Im Winter wird Izmir direkt, Dalaman nur über Istanbul angeflogen. An mögliche Rückbestätigung denken.

Zug: Von München und Wien täglich. Wer von München aus abfährt, ist nach etwa 42 Stunden in Istanbul; bei diesem Zug gehören Verspätungen zur Regel. Die Reise von München nach Istanbul kostet etwa 400 DM für die Hin- und Rückfahrt, der Zug ist platzkartenpflichtig. Nur in der ersten Nacht besteht die Möglichkeit, im Schlafwagen zu reisen, da dieser in Belgrad abgehängt wird. Es empfiehlt sich, ausreichende Verpflegung mitzunehmen.
Mit diesem Zug fahren auch viele Gastarbeiter in den Urlaub, sie buchen oft ganze Abteile. So kann man unterwegs schon eine Menge über türkisches Leben und türkische Gastfreundschaft erfahren.
Für die Fahrt durch Bulgarien wird ein Transitvisum benötigt, das man nicht an der Grenze erhält, sondern vor Reiseantritt bei der diplomatischen Vertretung Bulgariens in Bonn oder München in den Paß stempeln lassen muß (Adresse s. unter Auto).

Bus: Wer sich zwei Nachtfahrten (ab München) im Sitz eines Busses zutraut, kann nach 36 bis 40 Stunden in Istanbul sein. Außer dieser Expreß-Linie gibt es auch Fahrten mit einer Übernachtung. Veranstalter ist die Deutsche Touring GmbH, Am Römerhof 17, 6000 Frankfurt, Tel. 0 69/79 02 49 (zentrale Reservierungsstelle) in Zusammenarbeit mit Bosfor Turizm, Seidlstr. 2, 8000 München 2, Tel. 0 89/59 40 02, 59 24 69.
Abfahrtsorte sind Berlin, Hamburg, Frankfurt und Stuttgart. Alle Fahrten laufen über München. Die Busse fahren dienstags, freitags und samstags das ganze Jahr über. Im Sommer kommen, je nach Nachfrage, weitere Abfahrtstage hinzu. Preis ab München je nach Reisezeit um 300 DM für die Hin- und Rückfahrt.

Auto: Von München bis zur türkischen Grenze bei Edirne sind es über Jugoslawien und Bulgarien etwa 1700 Kilometer, von Edirne bis Bodrum weitere 690 Kilometer. Fährt man über Griechenland, kommen etwa 300 Kilometer hinzu.
Der gefürchtete Autoput zwischen Zagreb und Beograd ist inzwischen durch eine Autobahn weitgehend entschärft. Außer in den Sommerspitzenzeiten läßt es sich dort zügig reisen.
Neben den üblichen Fahrzeugpapieren ist die internationale Grüne Versicherungskarte erforderlich. Für die Fahrt durch Bulgarien wird ein Transitvisum für Hin- und Rückreise benötigt, ausge-

Der Minibüs-Bahnhof in Izmir

stellt vom Visabüro der Bulgarischen Botschaft, Am Büchel 17, 5300 Bonn 2, Tel. 02 28/35 10 71-72, oder von der Außenstelle in München 50 (Wintrichring 85, Tel. 0 89/17 40 56) sowie vom Bulgarischen Konsulat, Leipziger Str. 20, O-1080 Berlin, Tel. 0 03 72/2 00 09 22-23. Außerdem müssen pro Person umgerechnet etwa 15 DM pro Durchreise an der Grenze in Lewa umgetauscht werden.

Autoreisezug: Ab 2. Juni bis 19. Oktober werden in München-Ostbahnhof Autotransportwagen an den Zug nach Istanbul gehängt. Er fährt in die Türkei dienstags, freitags und samstags, zurück sonntags, mittwochs und donnerstags. Der Zug führt Liegewagen- und Schlafwagenabteile mit. Frühzeitige Platzreservierungen in Reisebüros mit Fahrkartenverkauf oder bei den Fahrkartenausgaben der Bundesbahn sind erforderlich.
Zudem besteht die Möglichkeit, eine Teilstrecke durch Jugoslawien per Autoreisezug zurückzulegen. Der Zug fährt nachts von Maribor oder Ljubljana nach Belgrad oder von Villach nach Niš. Information und Reservierung bei Optima-Tours GmbH, Karlstraße 56, 8000 München 2, Tel. 0 89/59 22 72.

Schiff: Autofähren verbinden Venedig mit Izmir und Antalya. Abfahrt ist sonnabends um 21 Uhr, Ankunft am darauffolgenden Dienstagnachmittag. Preise: PKW ab 240 DM, Überfahrt je nach Unterbringung zwischen 290 DM (4-Bett-Kabine) und 710 DM (2-Bett-Luxus-Kabine) pro Person für die einfache Fahrt, bei Übernachtung im Pullmansessel zwischen 190 und 210 DM pro Person. Vollpension kostet für die gesamte Reisezeit zwischen Venedig und Izmir 125 DM, zwischen Venedig und Antalya 150 DM. Information: Turkish Maritime Lines, RECA-Handels-GmbH und Reiseagentur, Neckarstraße 37, 7032 Sindelfingen 1, Tel. 0 70 31/87 60 77-79.
Med. Sun Lines Ferry betreibt im Sommer mit der MS »Atalante« im Turnusverkehr Kreuzfahrten zwischen Italien, Griechenland und der Türkei (bis Bod-

Kirschen »vom Strang«

rum), in deren Rahmen auf Teilstrecken Passagiere und PKW befördert werden. Informationen: Generalagent Aphrodite Kreuzfahrten & Touristik GmbH, Weinstraße 6, 8000 München 2, Tel. 0 89/22 27 15.
(Preise Stand Frühjahr 1991)

An der Grenze

Reisende aus der Bundesrepublik Deutschland benötigen beim Direktflug einen Personalausweis, bei der Anreise zu Land oder zu Wasser einen Reisepaß und für Bulgarien ein Transitvisum. Nur bei einem Aufenthalt von mehr als drei Monaten muß beim Türkischen Generalkonsulat ein Visum beantragt werden.

Die Einfuhr und Ausfuhr von ausländischer Währung in die Türkei ist unbegrenzt möglich und braucht nicht deklariert zu werden. Die Ausfuhr von türkischer Lira ist bis umgerechnet 3000 US-Dollar erlaubt.

Videokameras, elektronische Apparate, Funkgeräte, Tauchausrüstungen und weitere wertvolle Gegenstände sowie Antiquitäten sollten bei der Einreise in die Türkei angegeben werden. Sie werden in den Paß eingetragen und bei der Ausreise nach dem Vorzeigen wieder gelöscht. Geschenkartikel, die nicht für den Verkauf bestimmt sind, können bis

zum Gesamtwert von 500 DM zollfrei eingeführt werden. Es ist verboten, Waffen und jede Art von Schneidewerkzeugen (auch Campingmesser) ohne Erlaubnis einzuführen.

Für Haustiere benötigt man einen Nachweis über deren bisherigen (Certificate of Origine) und aktuellen (Veterinary Health Certificate) Gesundheitszustand, ausgestellt vom Tierarzt.

Beliebte Mitbringsel sind Teppiche und Kelims, Kupfersachen, Kleidung, Lederbekleidung, Gold- und Silberschmuck sowie Onyx. Es ist wichtig, sich für größere Einkäufe (Teppiche, Lederjacken, Schmuck) eine Rechnung geben zu lassen und auch die Geldwechsel- bzw. Bankquittungen aufzuheben. An der Grenze kann bei der Rückreise danach gefragt werden. Im Prinzip müssen Teppiche und Lederbekleidung an der deutschen Grenze deklariert werden. Für alte Teppiche muß bei Verlassen der Türkei außer einer Rechnung eine Unbedenklichkeitsbescheinigung einer Museumsdirektion vorgelegt werden. Antike Teppiche und andere Antiquitäten dürfen nicht ausgeführt werden.

Feiertage

Weltliche: 1. Januar (Neujahrstag), 23. April (Tag der nationalen Souveränität und der Kinder), 19. Mai (Atatürk-Gedenktag sowie Tag der Jugend und des Sports), 30. August (Tag des Sieges), 29. Oktober (Tag der Gründung der Republik).

Religiöse: Im Islam gibt es drei große religiöse Feste: das Şeker Bayramı (Zukkerfest), 1991 vom 16. bis 18. April im Anschluß an die Fastenzeit, ferner den Ramadan (Mitte März bis Mitte April) und das Kurban Bayramı (Opferfest, 1991 vom 24. bis 26. Juni). An den drei Tagen dieses Festes werden Opfertiere geschlachtet und an Arme verteilt.

Das Datum der Festtage richtet sich nach dem Mondkalender und verschiebt sich in jedem Jahr um zehn Tage rückwärts. Während aller Feste sind die Banken, Behörden und Geschäfte geschlossen.

Geld

Die türkische Währungseinheit ist die Lira (TL). Die Inflationsrate liegt bei 70 Prozent (Stand Frühjahr 1991), die Preise ändern sich schnell. Deshalb empfiehlt es sich, bei der Einreise keine großen Summen zu wechseln, sondern Geld nach Bedarf zu tauschen. Der Wechselkurs ist in der Türkei wesentlich günstiger als in der BRD.

Die meisten Banken in den Ferienorten, manchmal auch die Postämter, akzeptieren Euroschecks und Reiseschecks. Der von der Zentralbank täglich neu festgesetzte Wechselkurs wird in den Tageszeitungen veröffentlicht. Jede Bank hat das Recht, ihren Preis bis zu zwei Prozent über oder unter diesem Kurs festzulegen. Sinnvoll sind Kreditkarten der großen Gesellschaften.

Öffnungszeiten der Banken: Gewöhn-

Die türkische Küche bietet eine Vielzahl von Vorspeisen

lich von Montag bis Freitag zwischen 8.30 und 12.30 Uhr, sowie zwischen 13.30 und 17.30 Uhr. Während der Saison befinden sich in den Touristenorten fahrbare Bankwechselstuben, auch außerhalb der Städte. Manche Banken halten die Schalter an Sonnabenden und Feiertagen geöffnet.

Gesundheit

Schutzimpfungen sind bei einer Türkeireise nicht vorgeschrieben. Bei einer längeren Rundreise mit dem Auto ist eine Tetanus-Schutzimpfung anzuraten, die im Gesundheitspaß eingetragen sein sollte.

Vor Reiseantritt bei der zuständigen Krankenkasse die Merkblätter und Berechtigungsscheine für eine ärztliche Versorgung in der Türkei besorgen. Auskünfte erteilen Krankenkassen und Automobilclubs.

Wasser sollte nur abgekocht oder aus Flaschen getrunken werden. Wegen möglicher Magen- und Darmerkrankungen auf Speiseeis und – besonders abseits der Touristenzentren – auf Salat und ungeschältes Obst verzichten.

Klima, Reisezeit

Der ägäische Bereich unterscheidet drei Klimazonen. In Thrakien ist der Winter kalt und schneereich. In Istanbul fällt zwar hin und wieder auch Schnee, jedoch regnet es häufiger, außerdem ist es unangenehm naßkalt. Am Ägäischen Meer dagegen sind die Winter mild mit Temperaturen selten unter zehn Grad. In Bursa fallen sie kaum unter fünf Grad.

Entsprechend verschieben sich in den drei Bereichen auch der Frühlings- und Sommeranfang. Während die Durchschnittstemperatur in Thrakien im April noch bei zehn Grad liegt, steigt sie in Istanbul schon auf 12 bis 13 und in Izmir bis 20 Grad, in Bodrum manchmal noch höher. Heiß wird es im Sommer überall, vor allem im Hinterland bei Denizli/Pamukkale kann das Thermometer auf 40 Grad klettern.

Die beste Zeit für Rundreisen sind die Monate April bis Juni sowie September bis Anfang November. Die heißen Sommermonate lassen sich wegen der ständigen frischen Brise angenehm am Meer verbringen. Baden kann man in der Ägäis von Mai bis Oktober.

Küche

Die variationsreiche Zubereitung von Gemüse erfreut ausländische Besucher immer wieder. Es wird allein oder mit Fleisch warm gegessen, mit Reis und Hackfleisch gefüllt oder auch mit Olivenöl zubereitet und kalt gegessen. Manchmal wird das Gemüse auch gebraten, fritiert und mit Joghurt serviert; es gibt unzählige Zubereitungsarten. Verarbeitet wird zudem Lamm-, Kalb- und Rindfleisch sowie Huhn. Schweinefleisch ist im Islam verboten. Fisch ist relativ teuer.

Zu den kleinen Gerichten oder Vorspeisen trinkt man entweder Rakı (Anisschnaps) mit Wasser oder einen der guten Weine, die die Türkei bietet. Brot (Ekmek) und Wasser (Su) gehören zu jeder Mahlzeit.

Das türkische Frühstück besteht aus frischem Weißbrot, Schafskäse, Tomaten, schwarzen Oliven, Honig oder Marmelade. Dazu wird Tee, auf Wunsch auch Kaffee getrunken. Viele Hotels sind zu Frühstücksbüffets übergegangen; das Angebot ist oft um Joghurt, Säfte und Cornflakes erweitert. Mittags wird meistens – der Hitze wegen – nur eine Kleinigkeit gegessen. Die Hauptmahlzeit wird auf den Abend verlegt und kann sich in die Länge ziehen.

Lokanta ist meist ein einfacheres Restaurant, ein Restoran erfüllt höhere An-

Gebäck mit Sesam ist in der Türkei sehr beliebt

Çay, der unvermeidliche schwarze Tee

sprüche. Manche Lokale nennen sich nach einer bestimmten Spezialität, die oft ausschließlich dort zubereitet wird: Der Kebabçı bietet Fleischgerichte vom Grill, der Köfteci bereitet Köfte (Hackfleischbällchen) zu, mit Salat aus weißen Bohnen als Beilage. Der Börekçi verkauft herzhaften Strudel, mit Käse oder Hackfleisch gefüllt. Beim Tatlıcı schließlich gibt es alle die Süßigkeiten, für die die Türkei berühmt ist: Baklava aus dünnem Blätterteig, in vielen Sorten angeboten, Kadayıf (Gebäck aus dünnen Teigfäden), Tulumba Tatlısı (Spritzkuchen) und Lokma (Hefeteigkügelchen, in Fett ausgebacken und in Zuckersirup getränkt).

Wer zum ersten Mal in die Türkei kommt, wird überrascht sein von den unzähligen kleinen Gerichten, die abends in den Restaurants angeboten werden. Meist bringt der Kellner auf einem riesigen runden Tablett eine Auswahl direkt an den Tisch und jeder wählt, was ihm verlockend erscheint: Dolma, mit Reis, Korinthen und Pinienkernen gefüllte Paprikaschoten oder Weinblätter, oder Humus, eine pikante Kichererbsenpaste, ferner Tarama, eine Kaviarpaste, gebackene Auberginenscheiben mit Knoblauchjoghurt und vieles mehr. Dazu trinkt man Rakı.

Den kalten Vorspeisen folgen warme Blätterteigröllchen, überbackene Garnelen, Zucchinipuffer – die Aufzählung ließe sich endlos fortsetzen. Niemand nimmt übel, wenn kein Platz für das

Hauptgericht bleibt, doch nach guter türkischer Sitte sollte man als Nachtisch Obst bestellen. Es ist meistens liebevoll angerichtet und von Kerzen beleuchtet. Den Abschluß eines solchen Menüs bildet der Kahve, ein türkischer Kaffee.

Nachtleben

Restaurants, Bars, Diskotheken und Kinos – das Nachtleben, wie es europäische Urlauber erwarten, findet man vor allem in den Großstädten Istanbul und Izmir, an der ägäischen Küste auch in Bodrum in Gestalt einer Super-Disco mit Laser und Multivision. In den touristischen Ballungszentren Kuşadası und Çeşme öffnen in der Saison Hotels und Ferienclubs ihre Discos. Zahlreiche Restaurants begleiten das Essen mit Life-Musik sowie einer Show mit Folklore und Bauchtanz als Höhepunkt; die Tanzfläche fehlt selten.

Überall an der Küste und in den Städten sind im Sommer die Teegärten, Restaurants und Bars bis spät in die Nacht geöffnet. Schlafende Kinder auf dem Schoß, sitzen auch plaudernde Familien lange zusammen. Ungern sieht man Betrunkene, und selten wird man einem torkelnden Türken begegnen.

Post und Telefonieren

Die Postämter sind mit PTT gekennzeichnet. Die Öffnungszeiten sind sehr unterschiedlich: Hauptpostämter (Merkez Postanesi) haben montags bis sonnabends von 8 bis 24 Uhr geöffnet, sonntags von 9 bis 19 Uhr. Kleinere Postämter sind meist von Montag bis Freitag von 8.30 bis 12 und von 13 bis 17 Uhr geöffnet, wobei diese Zeiten in Touristengebieten großzügiger gehandhabt werden.

Für In- und Auslandsgespräche besteht das Selbstwählsystem mit Telefon-Jetons und mit Telefongebührenkarten. Es gibt kleinere, mittlere und große Jetons, die man je nach Entfernung und Dauer des Gespräches benutzt. Jetons und Karten erhält man am Postschalter.

So wird telefoniert: Bei einem Gespräch in die Bundesrepublik die 9 wählen, den Summton abwarten und anschließend 949 sowie die jeweilige Vorwahlnummer ohne die 0 und die Anschlußnummer wählen. Für Inlands-

gespräche außer Ortsgesprächen zuerst 9 wählen, den Summton abwarten, anschließend die Stadt- oder Ortsvorwahl und die Nummer des Teilnehmers wählen. Alle Telefonnummern in der Türkei sind achtstellig, inklusive der Vorwahl.

Reisen im Land
Auto

Das Straßennetz ist gut ausgebaut und im allgemeinen in gutem Zustand. Man sollte aber versuchen, sein Ziel vor der Dämmerung zu erreichen, denn danach lassen sich in ländlichen Gebieten manchmal Traktoren mit unbeleuchteten Anhängern und Vieh auf der Fahrbahn sowie Fahrrad- und Mofafahrer sehr schlecht ausmachen.

Verkehrsregeln: Die Geschwindigkeitsbegrenzungen liegen für Pkw bei 90 km/h auf allen Straßen und 50 km/h in geschlossenen Ortschaften. Autos mit Anhänger: 80 km/h auf allen Straßen und 40 km/h in geschlossenen Ortschaften. Motorräder dürfen maximal 70 km/h fahren.

Die Promillegrenze liegt bei 0,5. Wer sie überschreitet, muß mit einer empfindlichen Strafe rechnen. Ansonsten gelten die europäischen Verkehrsregeln.

Die Vorfahrtsregel ist wie in Deutschland rechts vor links; die meisten türkischen Fahrer fahren allerdings nach der Regel »der Stärkere hat die Vorfahrt«; der Klügere gibt besser nach.

Bei Verkehrsampeln in den größeren Orten und Städten betrachten viele Türken Rot als Herausforderung und fahren einfach durch; man sollte sich in keinem Fall aus der Ruhe bringen lassen.

Beschriftete Verkehrsschilder und ihre Bedeutung: bozuk satıh – beschädigte Wegstrecke; dikkat – Achtung, Vorsicht; dur – Stop; kaygan yol – verschmutzte, rutschige Fahrbahn; park yapılmaz – Parken verboten; tamirat – Straßenarbeiten; inşaat – Baustelle; yavaş – langsam; hastane – Krankenhaus; viraj – Kurve; keskin viraj – enge Kurve; şehir merkezi – Stadtmitte; kavşak – Kreuzung.

Obwohl in der Türkei ein **doppeltes Warndreieck** Vorschrift ist, verwenden viele Auto- und hauptsächlich Lkw-Fahrer bei einer Panne als »Warndreieck« einen kleinen Steinhaufen oder einen Pfosten der Straßenbegrenzung und vergessen bei der Weiterfahrt des öfteren, sie wieder zu entfernen. Diese Hindernisse erfordern oft eine schnelle Reaktion. Die beiden vorgeschriebenen Warndreiecke müssen vor und hinter dem liegengebliebenen Wagen aufgestellt werden.

Pannenhilfe: Über die Büros des türkischen Touring- und Automobilclubs TTOK (Türkiye Turing ve Otomobil Kurumu). Die Anschrift des Hauptbüros: Halaskargazi Cad. No. 364, Şişli/Istanbul, Tel. (9-1) 1314631-37. Weitere Geschäftsstellen: An der griechisch-türkischen Grenze bei Ipsala, an der türkisch-bulgarischen Grenze bei Kapıkule und in Izmir: Atatürk Bulvarı No. 370, Alsancak, Tel. (9-51) 217149.

Werkstätten aller gängigen Automarken findet man in fast allen Städten, meist an den Hauptstraßen. Autos sind in der Türkei recht teuer, um so geschickter sind die Automechaniker. Ersatzteile sind jedoch meist knapp und müssen in Istanbul oder Izmir besorgt

Restaurant bei Karacasu

werden. Es empfiehlt sich, das Auto vor Antritt der Reise gründlich überholen zu lassen.

Unfall: Die Polizei sollte bei einem Unfall – auch wenn niemand verletzt wurde – wegen eines Berichts hinzugezogen werden. Bei einem Totalschaden muß das Fahrzeug zu einem Zollamt gebracht werden, damit es aus dem Paß ausgetragen wird. Alle größeren Städte besitzen dieses Amt. Türk Touring ist Mitgliedern ausländischer Automobilclubs bei der Erledigung dieser umständlichen Formalitäten behilflich. Wichtig ist es deshalb, sich vor Antritt der Reise einen Auslandsschutzbrief zu besorgen.

Diebstahl: Wurde das Fahrzeug gestohlen, wird zuerst ein Polizeibericht geschrieben und anschließend vom Kaymakamlık (Landratsamt) oder Valilik (Gouverneur) eine Bescheinigung eingeholt. Sie bewirkt, daß die Eintragung im Reisepaß gelöscht wird.

Leihwagen: In größeren Städten und in Urlaubsorten sind die internationalen Leihwagenfirmen vertreten. Man kann schon zu Hause buchen. Kleinere, örtliche Leihfirmen sind oft im Preis etwas günstiger. Informationen gibt es bei örtlichen Touristikbüros.

Tankstellen: Das Tankstellennetz ist – außer in sehr abgelegenen Regionen – recht dicht. Bleifrei (Kurşunsuz Benzin) ist an den Zapfsäulen als »unleaded« gekennzeichnet. Bleifreies Benzin wird zur Zeit nur an bestimmten Tankstellen von Petrol Ofisi angeboten, das Netz soll jedoch weiter ausgebaut werden. Eine Karte mit den Tankstellen gibt es beim ADAC.

Reisen im Land
Öffentliche
Verkehrsmittel

Wer in der Türkei längere Strecken reisen möchte, nimmt den Bus oder fliegt. Das Eisenbahnnetz ist nicht gut ausgebaut, im Bereich der Ägäis gibt es jedoch einige Städteverbindungen. In jedem Fall ist der Bus das preiswerteste, pünktlichste und meist auch bequemste Beförderungsmittel.

Von Eceabat starten Fähren über die Dardanellen nach Çanakkale

Bus: Ein gut ausgebautes Netz von Überlandbussen verbindet alle Städte und kleineren Orte miteinander. Fahrplanmäßig gehen die Busse von den Busbahnhöfen ab, die meist zentral oder in der Nähe der Verkehrsknotenpunkte liegen. Die Busgesellschaften unterhalten in ihnen und häufig auch in den Hauptgeschäftsstraßen der Zentren ihre Buchungsbüros.
Für größere Strecken empfiehlt es sich, rechtzeitig eine Fahrkarte zu besorgen und den Platz zu buchen, vor allem vor türkischen Feiertagen. Unterwegs legt der Fahrer regelmäßig Pausen an Raststätten ein.

Minibüs, Dolmuş: Den Anschluß zu einem Stadtteil, Vorort oder kleineren Ort hält oft ein Kleinbus aufrecht, ein Minibüs. Innerhalb der größeren Städte verkehren auf vielbefahrenen Strecken die Dolmuş, Sammeltaxen. Sie warten an den Standorten so lange, bis der Wagen voll ist.
Die Minibüs-Haltestellen liegen im Zentrum, an Verkehrsknotenpunkten oder bei den Busbahnhöfen. Durch Fragen – eventuell bei der Touristinformation – bekommt man die Verbindungen schnell heraus; ausgedruckte Fahrpläne gibt es nicht. Ähnlich wie ein Dolmuş hält der Minibüs unterwegs immer, wenn ein Fahrgast es wünscht, und nimmt auch neue Passagiere auf, die dem Fahrer ein Zeichen geben.
Dolmuş-Haltestellen sind mit einem »D«-Schild gekennzeichnet. Der Fahrpreis wird von den Mitfahrern anteilig bezahlt. Man kann unterwegs jederzeit aussteigen, falls es die Verkehrssitua-

tion zuläßt. Wie der Minibüs verkehrt der Dolmuş zwischen festgelegten Punkten. Die Fahrpreise werden von den Gemeinden festgelegt.

Flugzeug: Istanbul und Izmir besitzen internationale Flughäfen, die mit dem Ausland und den größeren Städten innerhalb der Türkei Verbindungen unterhalten. Turkish Airlines (Türk Hava Yolları – THY) fliegt von Istanbul drei- bis viermal täglich Izmir an und zweimal täglich Dalaman.
Die Inlandflüge sind in der Türkei preiswerter als in der Bundesrepublik; ein Flug von Istanbul nach Izmir kostet etwa 120 DM.
Hauptbüro von THY am Atatürk-Airport in Istanbul: Atatürk Hava Limani, Yeşilköy-Istanbul, Tel. (9-1) 574 73 00. Zentrale Reservation: (9-1) 573 35 25. In Izmir befindet sich das Büro von THY in der Passage unter dem Büyük Efes Hotel am Gaziosmanpaşa Bulvarı, Tel. (9-51) 14 12 26.

Schiff: Zwischen Mai und Oktober verkehrt ein Linienschiff der Turkish Maritime Lines dreimal wöchentlich zwischen Istanbul und Izmir. Auskunft in Istanbul: Turkish Maritime Lines, Rıhtım Cad., Karaköy, Tel. (9-1) 144 02 07; in Izmir: Turkish Maritime Lines, Yeni Liman, Tel. (9-51) 21 00 77.

Taxi: Alle Taxen haben Taxameter. Sie zeigen ein rotes Pünktchen, wenn der Tagestarif eingestellt ist und zwei während der Nacht. Wer einen Ausflug mit dem Taxi macht, sollte den Preis vorher aushandeln.

Zug: Die Türkischen Staatsbahnen unterhalten einen einmal täglich verkehrenden Expreßzug zwischen Istanbul und Edirne. Von Istanbul aus kann man außerdem mit dem Schiff über das Marmara-Meer bis Bandırma fahren und von dort weiter mit dem Zug bis Izmir. Diese Verbindung besteht ebenfalls einmal am Tag. Ein weiterer Zug verkehrt zwischen Istanbul und Denizli (Pamukkale); er verläßt die Metropole abends und erreicht das Ziel am Morgen.

Weitere Städteverbindungen von Izmir nach Denizli, Kütahya, Eskişehir, Manisa und Uşak, alle meist nur einmal täglich.

Sanitäre Anlagen

Öffentliche Toiletten sind mit WC, 00, Tualet oder Tuvalet gekennzeichnet; bei den Männern steht »Bay« oder »Erkek«, bei den Frauen »Bayan« oder »Kadin« an den Türen. An Busbahnhöfen findet man häufig französische Toiletten.

Oft ist es ein Problem, überhaupt eine Toilette zu finden, falls kein Restaurant in der Nähe ist. Ein Tip: An allen Moscheen gibt es öffentliche Toiletten.

Sitten und Gebräuche

Private Besuche: Wer nicht nur in einem Ferienclub lebt, sondern mit der türkischen Bevölkerung in Verbindung kommt, wird rasch bemerken, daß man in diesem Land sehr höflich miteinander umgeht. Die Menschen behandeln sich gegenseitig mit Freundlichkeit und Respekt, unabhängig vom sozialen Stand. Vor allem älteren Leuten, auch wenn es sich »nur« um eine alte Bäuerin oder Hirtin handelt, begegnet man mit viel Achtung.

Jüngere küssen älteren Verwandten und Bekannten die Hand und führen sie anschließend als Geste der Zuneigung und des Respekts an die Stirn. Ein Handkuß ist nicht üblich. Unangemeldeter Besuch ist durchaus üblich, doch weiß jeder Gast, daß man nicht lange bleibt, um durch das plötzliche Auftauchen den Tagesplan der Familie nicht allzusehr durcheinander zu bringen.

Anders verhält es sich bei Einladungen. Zur Begrüßung – vor Betreten der Wohnung oder des Hauses zieht man übrigens die Schuhe aus – wird dem Gast üblicherweise Erfrischungswasser in die aufgehaltenen Hände gegossen, das man verreibt und einatmet. Dann werden entweder Tee und Kleinigkeiten angeboten oder es wird zu Tisch gebeten. In ländlichen Gebieten ißt man häufig an einem niedrigen, runden Tisch. Es wird gern gesehen, wenn man als kleine Aufmerksamkeit etwas Süßes mitbringt, Schokolade etwa oder Baklava vom Konditor.

Die Begrüßung erfolgt nach einem bestimmten Ritual: Frauen küssen sich gegenseitig auf die Wangen. Älteren Familienmitgliedern wird zuerst die Hand gegeben, den jüngsten zuletzt. Der Hausherr oder die Hausfrau empfängt den Gast mit »Merhaba« – Hallo, Guten Tag – und »Hoşgeldiniz« – Willkommen – worauf der Gast mit »Hoş bulduk« – Wir sind herzlich willkommen – antwortet. Dann erfolgt ein Hin- und Herfragen mit »Nasılsınız?« – Wie geht es Ihnen? – und der Gegenfrage »Siz nasılsınız?« – und wie geht es Ihnen? Diese Wechselreden sollte man sich einprägen, denn sie wiederholen sich oft am Tag, auch, wenn man nur mal in einen Laden schaut.

Auffälliges Benehmen wird in der Türkei als sehr unfein betrachtet; dazu zählt auch, wenn sich Liebespaare in

Silberschmuck, angeboten in Kuşadası

der Öffentlichkeit küssen und wenn sich Männer oder Frauen betrinken und laut singen.

Besuch einer Moschee: Der Müezzin, der Gebetsrufer, ruft die Gläubigen vom Minarett aus fünfmal am Tag zum Gebet. In vielen Städten übernimmt diese Aufgabe heute ein Lautsprecher. Die Beter haben vor dem Betreten der Moschee die rituellen Waschungen (Füße, Hände, Arme, Nacken, Ohren, Gesicht; an öffentlichen Reinigungsbrunnen nur die Männer) vorzunehmen und die Schuhe auszuziehen. Ausländische Besucher ziehen sich lediglich die Schuhe aus. Frauen sollten ein Kopftuch tragen und bloße Arme bedecken. Männer oder Frauen in Shorts dürfen nicht in das Gebetshaus. Man sollte eine Moschee möglichst nicht während der Gebetszeiten besichtigen.

Fotografieren: Frauen möchten im allgemeinen nicht fotografiert werden, auch wenn sie noch so malerisch aussehen. Wer jedoch um Erlaubnis bittet, darf oft einen Schnappschuß machen, vor allem, wenn man verspricht, ein Bild zu schicken. Bei Betenden sollte man sich besonders rücksichtsvoll verhalten und nicht fotografieren. Mit Filmmaterial zu Hause eindecken, da es in der Türkei oft teuer und veraltet ist.

Die Verkehrsprobleme in Istanbul nehmen ständig zu

Sicherheit

Polizei und Gendarmerie: Ob bei einer Verkehrskontrolle oder bei einem Verkehrsunfall – wann immer man mit der Polizei oder Gendarmerie in Kontakt kommt, ist es am besten, sich ruhig und höflich zu verhalten.

In der Türkei sollte man seinen Reisepaß oder Personalausweis immer dabei haben. In den kleinen Orten gibt es Gendarmerie, die Landpolizei, während in den Feriengebieten häufig auch sprachkundige Soldaten als Touristenpolizei eingesetzt werden, die sich mit ausländischen Gästen besser verständigen und helfen können.

Drogen: Einfuhr, Ausfuhr und Handel sowie Besitz und Gebrauch jeglicher Art von Drogen ist strengstens verboten und wird auf das schwerste bestraft.

Diebstahl: Nach den Hotelvorschriften sollen Wertgegenstände im Hotelsafe deponiert werden. Man sollte sich jedoch vergewissern, ob der Schmuck oder die Schecks auch wirklich darin eingeschlossen werden und sich den Empfang der Gegenstände quittieren lassen.

Trickdiebe: Taschendiebe tauchen in den Städten häufig als Gruppen von Frauen und Kindern auf und drängeln an den Haltestellen. Bei diesem Kontakt merken manche erst später, daß ihre Taschen geleert wurden. Ein beliebter Trick: Im Auto Wartende werden nach der Uhrzeit gefragt und so abgelenkt, während ein Kind sich durch das geöffnete Fenster schnell eine Tasche oder einen Wertgegenstand greift. Geldwechselangeboten auf der Straße auf keinen Fall trauen.

Alleinreisende Frauen: An den touristisch erschlossenen Küste haben Frauen keine Probleme, wenn sie alleine reisen. Die türkischen Frauen sind sehr kommunikativ und nehmen ausländische »Schwestern« (Abla) gerne unter ihre Fittiche. In den Ferienorten sind Schürzenjäger manchmal interessiert an Bekanntschaften, halten jedoch meist Abstand, wenn man rigoros Desinteresse zeigt. Sehr leichte Bekleidung wird von Männern manchmal als Aufforderung für Annäherungsversuche gedeutet.

Ohne weiteres können Frauen in Touristenorten alleine Bars, Restaurants oder eine Diskothek besuchen. Wer sowohl in der Kleidung als auch im Benehmen Zurückhaltung übt, kann auch alleine herumreisen. Einer europäischen Frau fällt es jedoch manchmal schwer, sich an die taxierenden Blicke der Männer zu gewöhnen.

Sport

Die Gebirge im Hinterland der Ägäis verlocken zu reizvollen **Bergtouren.** Der Türkische Bergsteigerverband (Dağcılık Federasyonu, B.T.G.M., Ulus Işhanı A-Blok, Ulus/Ankara, Tel. (9-4) 1108566-356) empfiehlt, sich vor gewagteren Expeditionen mit der Zentrale in Ankara in Verbindung zu setzen und Zeit sowie Route mitzuteilen. Die zuständigen Behörden des jeweiligen Gebietes werden dann informiert und können bei Schwierigkeiten oder einem eventuellen Notfall Hilfe leisten. Es werden auch Bergführer in der jeweiligen Region vermittelt.

Für **Skifahrer** besteht die einzige Wintersportmöglichkeit zwischen Januar und April am Uludağ bei Bursa. Die vierzehn Hotels dort mit insgesamt gut 2300 Betten sind an Wochenenden und während Feiertagen und der Schulferien meist hoffnungslos ausgebucht. Man kann auch in Bursa übernachten

Olivenstand auf einem Basar in Izmir

und das etwa 35 Kilometer entfernte Skigebiet mit dem Taxi, einem Dolmuş oder mit der Seilbahn erreichen.

Es lohnt sich, einen **Segeltörn** von Bodrum aus in Richtung Didyma zu unternehmen. Er läßt sich zu Hause in einem Reisebüro buchen, es gibt aber auch Vermieter vor Ort. Ein internationaler Segelschein ist erforderlich.

Zur Vermeidung von Mißverständnissen sollte man nicht ständig zwischen griechischem und türkischem Territorium kreuzen. Segler sollten nicht versuchen, Antiquitäten aus dem Küstengewässer auszuführen; der Versuch kann die Beschlagnahme des Bootes und eine hohe Strafe zur Folge haben. Wer mit dem eigenen Boot in die Türkei reist, muß einen Fäkalientank besitzen.

Trinkgeld

Für jede Dienstleistung wird in der Türkei ein Trinkgeld erwartet. Die Löhne sind extrem niedrig, viele sind auf diese Einnahmequelle angewiesen. Steht der Wagen blitzblank geputzt am nächsten Morgen vor der Hoteltür, versteht sich ein Trinkgeld von umgerechnet zwei bis drei Mark von selbst, Kellner und Taxifahrer erwarten bis zu zehn Prozent des Rechnungsbetrages. Ein paar Lire bekommt der Schuhputzer zusätzlich zum Honorar, ebenso der Wächter an einer Ausgrabungsstätte oder im Museum. Trinkgeld öffnet, wie überall, auch hier die Türen.

Unterkunft

In der Türkei gibt es zwei Gruppen von Hotels. Die eine wird vom Ministerium für Tourismus kontrolliert sowie lizenziert und zeigt immer das Zeichen des Ministeriums, das hethitische Sonnensymbol, am Eingang. Diese Hotels sind in Kategorien von einem bis zu fünf Sternen eingeteilt. Außerdem gibt es die mit »Ö« bezeichneten besonderen Hotels. Bei ihnen handelt es sich um Unterkünfte, die in historischen Gebäuden liegen, oder um Motels und Feriendörfer, die vom Ministerium für Tourismus kontrolliert werden.

Die Preise sind innerhalb der Kategorien sehr unterschiedlich; so kann ein Ein-Stern-Hotel komfortabler sein als ein Drei-Sterne-Hotel und manchmal auch teurer. Man sollte sich vor dem Buchen das Zimmer und das Bad zeigen lassen. Die Preise sind meist in DM oder US-Dollar angegeben, um sie einigermaßen stabil zu halten. Dazu gibt es aber auch Preistafeln in Lira, die am Monatsanfang an die Preisentwicklung angepaßt werden.

Man zahlt in der Landeswährung. Manche Hotels akzeptieren auch Euroschecks und Kreditkarten. Die Preise liegen zwischen etwa 20 und 60 DM für ein Doppelzimmer im Ein-Stern-Hotel. Bei Drei-Sterne-Hotels gibt es eine Preisspanne zwischen etwa 50 und 150 DM für das Doppelzimmer. Das Doppelzimmer in einem Fünf-Sterne-Hotel kostet um 300 DM (die Preise lassen sich aber manchmal etwas herunterhandeln).

Die von der Gemeinde kontrollierten und lizenzierten Hotels können je nach Ausstattung, Lage und Gebiet einfach, aber gut sein und vom Preis anspruchsvollen Mittelklassehotels entsprechen. Diese Hotels besitzen die Preislisten der Beledive, der Gemeinde.

Pensionen unterteilen sich ebenfalls in die beiden genannten Gruppen. Die einfachsten Zimmer haben kein eigenes Bad und keine eigene Toilette, sondern nur Gemeinschafts-Sanitäranlagen auf dem Stockwerk. Die komfortableren Pensionen haben Zimmer mit Bad und Toilette. Die Preisskala reicht von etwa 15 bis 30 DM für ein Doppelzimmer. Hotelverzeichnisse gibt es bei der türkischen Fremdenverkehrsvertretung.

In vielen Ferienorten an der Küste bestehen Campingplätze. Adressen im oben genannten Hotelverzeichnis und bei den Automobilclubs.

Jugendherbergen sind nicht dem internationalen Verband angeschlossen. Informationen beim Deutschen Jugendherbergswerk in Detmold, Tel. 0 52 31/ 74 01-0.

Worterklärungen

Bayram – Festtag
Bursa-Schema – Grundriß einer Moschee aus früher osmanischer Zeit
Imam – Vorbeter in der Moschee
Medrese – ehemalige geistliche und weltliche Hochschule
Minaret – Turm des Gebetsausrufers
Müezzin – Gebetsausrufer
Sarkophag – Sarg, oft reich verziert
Nekropole – Gräberstadt
Türbe – islamischer Grabbau

Register

Bereits erschienen

In Vorbereitung

Titelbild: Die Ruinen von Ephesos

Impressum

© 1991 für den gesamten Inhalt, soweit nicht anders angegeben, by HB Verlags- und Vertriebs-Gesellschaft mbH, Alsterufer 4, Postfach 30 06 60, 2000 Hamburg 36, Telefon 040/41 51 -850, Telefax 040/41 51 -32 31. Geschäftsführer: Kurt Bortz, Dr. Joachim Dreyer, Eike Schmidt

Redaktion und Produktion: Harksheider Verlagsgesellschaft mbH, Fabersweg 1, Postfach 52 49, 2000 Norderstedt, Telefon 040/5 23 40 75, Telefax 040/5 23 40 56 Redaktion: Ulrike Klugmann (verantwortlich) Siebo Heinken

Grafische Gestaltung: Gerhard Keim, Frankfurt/Main Kartografie: RV Reise- und Verkehrsverlag GmbH, Stuttgart

Alle Angaben im Reiseteil ohne Gewähr. Nachdruck, auch auszugsweise, nur mit ausdrücklicher Genehmigung des Verlages. Erscheinungsweise: zweimonatlich

Vertrieb Zeitschriftenhandel: PARTNER PRESSE VERTRIEB GMBH Widmaierstraße 110, 7000 Stuttgart 80, Telefax 07 11/7 28 84 10, Telex 7 255 949 Vertrieb Abonnement und Einzelhefte: ZENIT PRESSEVERTRIEB GMBH, Widmaierstraße 110, 7000 Stuttgart 80, Telefon 07 11/7 20 05 - 97, Telefax 07 11/7 28 84 10, Telex 7 255 949

Vertrieb Buchhandel: GeoCenter Verlagsvertrieb GmbH, Neumarkter Straße 18, 8000 München 80, Telefon 089/43 18 90, Telefax 089/4 31 28 37, Telex 5 23 259

Anzeigenalleinverkauf: KV Kommunalverlag GmbH, Arabellastraße 4/XII, Postfach 81 05 65, 8000 München 81, Telefon 089/92 80 96 - 0, Telefax 089/92 80 96 - 20, Teletex 17898397 komver

Satz: Lübecker Fotosatz GmbH, Lübeck Reproduktionen: Otterbach Repro GmbH & Co., Rastatt Druck und buchbinderische Verarbeitung: KLETT DRUCK H. S. GmbH, Korb Printed in Germany

ISBN 3-616-06406-6